Avance! 3

Colin Christie Anneli McLachlan Eleanor Mayes

Hodder Murray
A MEMBER OF THE HODDER HEADLINE GROUP

The authors would like to thank: The pupils of Henry Compton School, the pupils of Maria Fidelis Roman Catholic Convent School FCJ, Philip Braham, David Buckland, Véronique Bussolin, Sue Cawley, Sue Chapple, Debbie Clegg, Katia Dallafior, Martin Davies, Seth Finegan, Ann Harries, Alex Harvey, Chris Lillington, Sarah Rees, Inez Reid, Rebecca Teevan, Matthew Thompson, Tim Weiss, Kevin White, Rachel Wood.

The Publishers would like to thank the following for permission to reproduce copyright material:

Photo credits

©Jose Luis Pelaez/Corbis, p3; ©Philip Braham, pp10, 12, 21, 38, 42, 43, 50, 65, 75, 80, 98, 121; ©Leo Dennis/NewSport/Corbis, p14; ©Empics/Le Monde Du Sport, p16; ©Empics/Panoramic, p17; ©Ruet Stephane/Corbis Sygma, p19; ©Justin McManus/Rex Features, p20; ©Photodisk, pp21, 52, 112, 117, 120, 121; ©Alain Nogues/Corbis Sygma, p30; ©Columbia Pictures, p32; ©View Pictures Ltd/Alamy, p34; ©Poulin Pierre Paul/Corbis Sygma, p40; ©Stewart Cook/Rex Features, p41; ©Rune Hellestad/Corbis, p47; ©Dave G. Houser/Corbis, p52; ©Sipa Press/Rex Features, pp52, 53, 84, 95, 102; ©Charles Jean Marc/Corbis Sygma, p52; ©Pitchal Frederic/Corbis Sygma, p52; ©PIL/Rex Features, p53; ©Georgina Bowater/Corbis, p53; ©Paul Cooper/Rex Features, p53; ©Vloo Phototheque/Rex Features, p53; ©The Travel Library/Rex Features, pp53, 67, 120; ©O. Alamany & E. Vicens/Corbis, p53; ©Andre Jenny/Alamy, pp58, 112; ©Rick Doyle/Corbis, p58; ©Philip Gould/Corbis, p58; ©Vannie Archive/Corbis, p58; ©Marc Garanger/Corbis, p58; ©Oliver Benn/Alamy, p58; ©Ray Roberts/Rex Features, p59; ©James L. Amos/Corbis, p59; ©Douglas Peebles Photography/Alamy, p59; ©akg-images/Erich Lessing, p61; ©akg-images, p61; ©Jacques Torregano/Corbis, p61; ©Gail Mooney/Corbis, p63; ©Michael Busselle/Corbis, p65; ©Alix-Phanie/Rex Features, p72; ©James A. D'Addio/Corbis, p72; ©Baumgartner Olivia/Corbis Sygma, p72; ©Corbis, p80; ©Yahoo France, p80; ©Bettmann/Corbis, p80; ©Andrew Drysdale/Rex Features, pp80, 121; ©Dan Barba/Rex Features, p80; ©Hodder Archive, p80; ©Tony Kyriacou, p81; ©Pedro Lombardi/Corbis, p84; ©Stephen Frink/Corbis, p84; ©Robert Eric/Corbis Sygma, p84; ©Fabrice Vallon/Cub Sept/Corbis, p84; ©Eric Robert/Corbis Sygma, p84; ©SPP/Rex Features, p86; ©MO/Corbis Kipa, p86; ©Richard Young/Rex Features, p95; ©Tim Rooke/Rex Features, p95; ©Ron Watts/Corbis, p102; ©Earl & Nazima Kowall/Corbis, p102; ©Dave G. Houser/Corbis, p103; ©Alan Schein Photography/Corbis, pp103, 121; ©Robert Holmes/Corbis, p105; ©Vinnie Zuffante/Rex Features, p108; ©Patrick Rideaux/Rex Features, p108; ©PA Photos, p108; ©C. Contino–BEI/Rex Features, p108; ©Michel Ponomareff/Rex Features, p110; ©Norm Betts/Rex Features, p110; ©Megapress/Alamy, p110; ©Paul Almasy/Corbis, p110; ©Anne Domdey/Corbis, p110; ©Michael Prince/Corbis, p110; ©Dale Wittner/Rex Features, p110; ©NW/Rex Features, p110; ©James Leynse/Corbis, p112; ©Patrick Frilet/Rex Features, pp114, 115; ©Richard Cummins/Corbis, p114; ©Ponopresse/Rex Features, p116; ©Michael T. Sedam/Corbis, p116; ©Anna Clopet/Corbis, p118; ©Michael S. Lewis/Corbis, p118; ©John Powell Photographer/Alamy, p120; ©Rebecca Teevan, p121; ©Montylo/Rex Features, p121.

Acknowledgements

©Men's Health Magazine, p18; Fumer, ça fait du mal.._, campagne 2003©Office Fédéral de la santé publique, p19; Jacques Prévert, 'Déjeuner du Matin' in *Paroles* ©Editions GALLIMARD, p30; ©TF1, p86; ©France 3, p86; ©M6, p86.

Every effort has been made to trace all copyright holders, but if any have been inadvertently overlooked the Publishers will be pleased to make the necessary arrangements at the first opportunity.

Although every effort has been made to ensure that website addresses are correct at time of going to press, Hodder Murray cannot be held responsible for the content of any website mentioned in this book. It is sometimes possible to find a relocated web page by typing in the address of the home page for a website in the URL window of your browser.

Orders: please contact Bookpoint Ltd, 130 Milton Park, Abingdon, Oxon OX14 4SB. Telephone: (44) 01235 827720. Fax: (44) 01235 400454. Lines are open from 9.00 to 6.00, Monday to Saturday, with a 24-hour message answering service. Visit our website at www.hoddereducation.co.uk.

First published in 2004 by
Hodder Murray, a member of the Hodder Headline Group
338 Euston Road
London NW1 3BH

Impression number 10 9 8 7 6 5 4 3 2

Year 2010 2009 2008 2007 2006 2005

Cover photo Sami Sarkis/Photodisc Green/Getty Images
Typeset in A. Garamond 11/14pt by Pantek Arts Ltd, Maidstone, Kent.
Printed in Italy.

Illustrations in *Avance! 3* are by Oxford Designers & Illustrators

A catalogue record for this title is available from the British Library

ISBN-10: 0 340 81178 1
ISBN-13: 978 0 340 81178 8

CONTENTS

The instructions or rubrics for the activities in **Avance! 3** are all in French. If you need to check what they mean, here is a list of the main ones you'll meet:

• **À tour de rôle**	Take turns
• **Ajoute des opinions**	Add opinions
• **Attention à la terminaison**	Take care over the ending
• **Change les détails faux**	Change the things that are wrong
• **Cherche l'intrus**	Look for the odd one out
• **Comment dit-on en français/anglais …?**	How do you say … in French/English?
• **Compte les … . Il y en a combien?**	Count the … . How many are there?
• **Corrige/Corrigez les erreurs**	Correct the mistakes
• **Décris ta journée**	Describe your day
• **Écoute pour vérifier**	Listen to check
• **Écris la traduction**	Write the translation
• **Écris un résumé**	Write a summary
• **Écris une affiche**	Write a poster
• **Fais correspondre**	Match up
• **Fais correspondre**	Match up
• **Fais deux listes … selon le genre**	Make two lists … according to gender
• **Fais un sondage**	Do a survey
• **Fais/Faites des recherches**	Do some research
• **Faites des dialogues suivant ces modèles**	Make up dialogues following these models
• **Lis les ordres et fais les gestes**	Read the commands and do the actions
• **Mets … dans le bon ordre**	Put … into the correct order
• **Par cœur!**	By heart! (Perform from memory.)
• **Pose des questions**	Ask questions
• **Prends/Prenez des notes**	Take notes
• **Relie …**	Link (together) …
• **Remplis les blancs**	Fill in the gaps
• **Suis ce modèle**	Follow this model
• **Suis les ordres**	Follow the commands
• **Traduis …**	Translate …
• **Trouve comment on dit en français/anglais**	Find the French/English for
• **Trouve les mots que tu connais**	Find the words that you know
• **Trouve les mots transparents**	Find the words where the meaning is obvious
• **Trouve les terminaisons qui manquent**	Find the missing endings
• **Utilise les mots/phrases dans la boîte**	Use the words/phrases in the box
• **Vérifie l'orthographe et les accents**	Check the spelling and accents

Salut!

Welcome to **Avance! 3**.

Avance! 3 will help you build on the French you learnt in **Avance! 1** and **2**. The topics you will learn about include illnesses, healthy living, daily routines, everyday problems, holidays, talking about your local area, the environment, the media and booking accommodation. You will also continue to learn about language structures such as combining tenses and you will speak, read and write at greater length. You will come across and learn about more new places and people representing further francophone countries.

As you have already been learning French for two years, you'll find that all the instructions, or rubrics, in **Avance! 3** are in French. Don't worry if you forget what any of them mean – use the list of instructions opposite to help you.

Your lessons will follow the same order as with **Avance! 1** and **2**.

ON COMMENCE! – LET'S START!

All of the lessons in **Avance! 3** start with an activity to warm you up! Remember, that **On commence** means 'Let's start'.

Then, you move on to the serious learning:

ON APPREND – LET'S LEARN

Remember that **On apprend** means 'Let's learn'.

In the course of your learning, you'll find these boxes:

J'AVANCE – I AM MAKING PROGRESS

These boxes come up throughout **Avance! 3.** They are designed to help you with your learning. Make sure you read them very carefully.

At the end of each lesson, it's time for reflection:

ON RÉFLÉCHIT! - LET'S REFLECT!

Remember that **On réfléchit** means 'Let's reflect'.

Don't just think that learning French takes place in the classroom. You can learn and practise at home too. All the activities in **Avance! 3** are designed to help you to learn and make progress.

We hope that you will continue to enjoy learning French through **Avance! 3. Bonne chance!**

Colin Christie *Anneli McLachlan* *Eleanor Mayes*

UNIT 1

EN FORME

A Le corps

Learning objectives

- You will learn to name parts of the body
- You will revise giving commands
- You will learn to understand instructions for activities in *Avance! 3*

ON COMMENCE

Travaille avec un(e) partenaire. Faites des dialogues.

A – Qu'est-ce que tu as fait pendant les vacances?
B – J'ai … / Je suis …
A – C'était comment?
B – C'était …

J'ai	regardé acheté fait écouté dormi visité	la télé/un film qui s'appelle … des CDs/un portable/des magazines mon lit/mes devoirs/les courses de la musique
Je suis	allé(e)	à/au/à la/à l' …
C'était	super/intéressant/amusant/formidable ennuyeux/nul/affreux	

ON APPREND

1 Écoutez!

a Écris a à l. Regarde les dessins. Écoute les parties du corps et écris ✓ si le mot est correct ou ✗ si le mot n'est pas correct.
Exemple: *a. ✓*

b Écris 1 à 12. Regarde les dessins. Écoute et écris la bonne lettre (a–l).
Exemple: *1. d*

Le visage

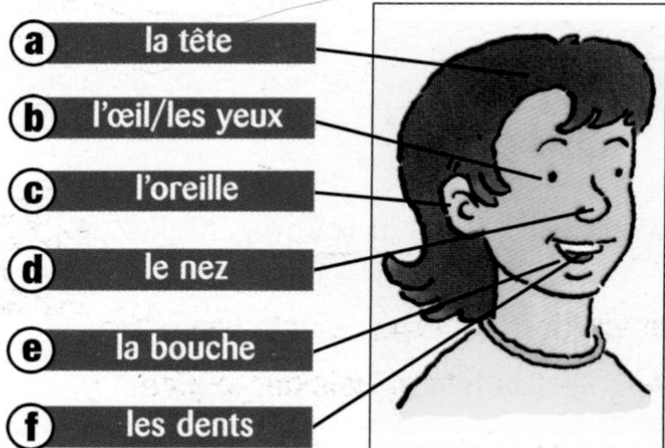

Le corps

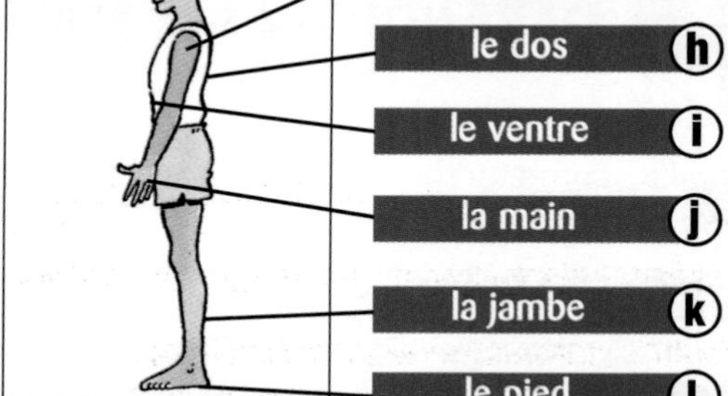

J'AVANCE

Before you begin an activity, you need to make sure you understand it fully. Activity instructions are called 'rubrics' (**rubriques**). The next activity will help you to understand some of them better.

2 Lisez!

Lis les rubriques en rouge pour les activités 3–7 et trouve comment on dit en français:

a put … in the right order
b according to gender
c follow the orders
d make two lists
e take care with the ending
f match up

Lisez!

C'est quelle partie du corps? Fais correspondre les parties du corps de l'activité 1 (a–l) aux images (1–10).
Exemple: *1. k – la jambe*

1 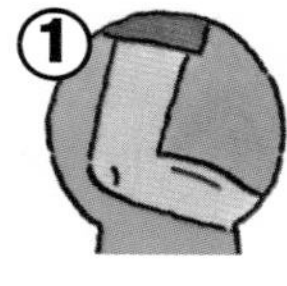
2 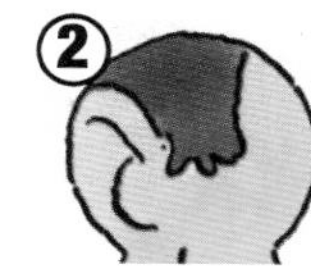
3 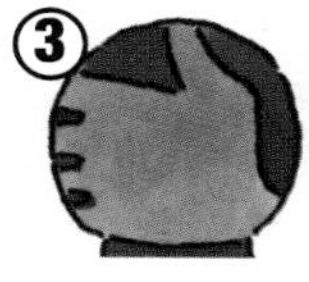
4 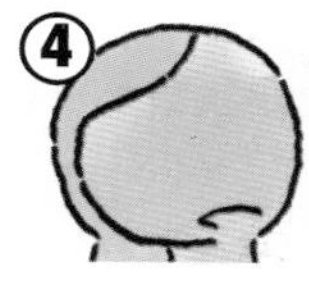
5 
6 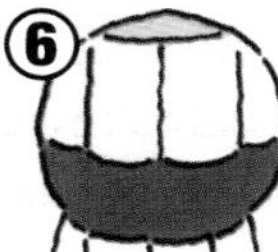
7 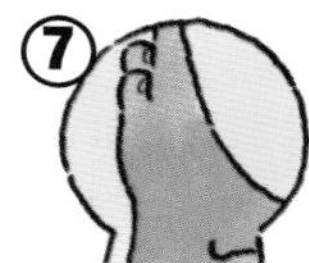
8 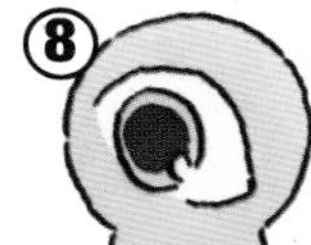
9 
10 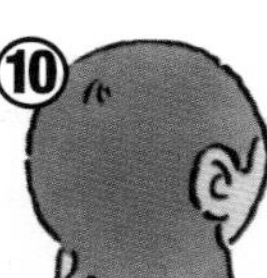

Écoutez!

Tu fais de la gymnastique avec Françoise Forme. Écoute et suis les ordres.
Exemples:

Touchez la tête!

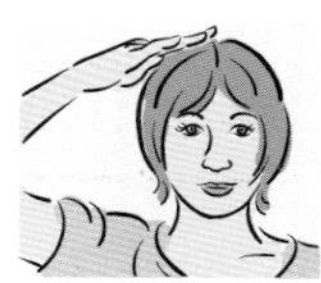

***Ne** touchez **pas** le nez!*

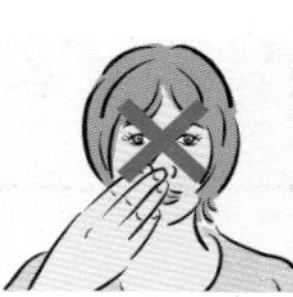

Pliez!

Levez!

Tournez!

Baissez!

Parlez!

Une séance de gymnastique: donne des ordres.

a à ton/ta partenaire (touche/plie/tourne).
b à ton groupe/la classe (touchez/pliez/tournez).

Attention à la terminaison: –e ou –ez?

Écrivez!

Mets les parties du corps dans le bon ordre.

Commence par la tête et finis par le pied.

Exemple: *la tête, l'œil, …*

Écrivez!

Fais deux listes des parties du corps, selon le genre.

ON RÉFLÉCHIT!

Travaille avec un(e) partenaire. Ton/Ta partenaire touche une partie du corps. Tu dis le mot en français.

Aïe! Ça fait mal!

Learning objectives

- You will learn how to say where it hurts
- You will revise the importance of correct endings and agreements

ON COMMENCE

Choisis la bonne réponse.

1 Je vais …	**a** au cinéma	**b** à la cinéma	**c** aux cinéma.
2 Nous allons …	**a** à la opéra	**b** à l'opéra	**c** au opéra.
3 Il va …	**a** au piscine	**b** à la piscine	**c** aux piscine.
4 Elles vont …	**a** au magasins	**b** à la magasins	**c** aux magasins.

Choisis la bonne terminaison.

1 Je	**a** jouons	**b** joue	**c** joues
2 Elles	**a** va	**b** allez	**c** vont
3 Il	**a** aime	**b** aiment	**c** aimes
4 Je	**a** faites	**b** faisons	**c** fais

ON APPREND

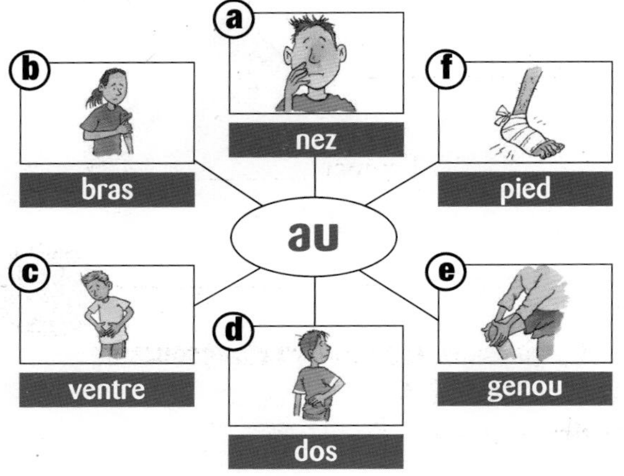

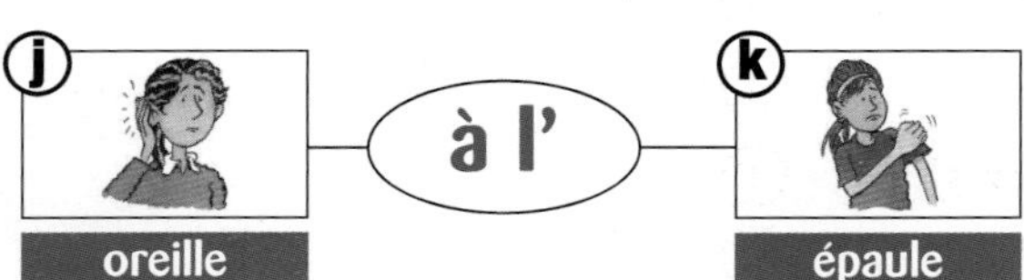

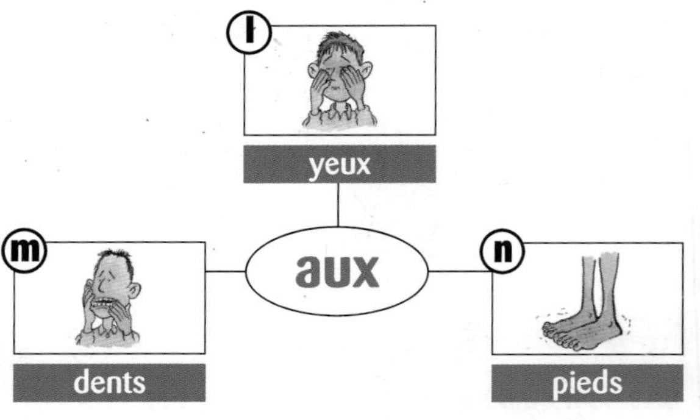

1 Écoutez!

Écris 1 à 10. Regarde les images. Écoute et choisis la bonne lettre/les bonnes lettres (a–n).
Exemple: *1. b*

J'AVANCE

Remember to check for correct:

- verb forms: **j'ai, tu as, il/elle/on a, nous avons, vous avez, ils/elles ont**
- adjective agreements: **je suis fatigué** *(m)*; **je suis fatiguée** *(f)*
- prepositions: **j'ai mal au pied/à la main/à l'oreille/aux yeux.**

2 Parlez!

Travaille avec un(e) partenaire. La personne A mime, la personne B dit la phrase.

Exemple: *A –* 

B – J'ai mal au dos.

3 Écrivez!

Complète les phrases avec au/à la/à l'/aux.

1 J'ai mal _____ bras.

2 J'ai mal _____ tête.

3 J'ai mal _____ yeux.

4 J'ai mal _____ ventre.

5 J'ai mal _____ dents.

6 J'ai mal _____ épaule.

Écris aussi la bonne partie du corps.

7 J'ai mal _____ _____ →

8 J'ai mal _____ _____

9 J'ai mal _____ _____

10 J'ai mal _____ _____

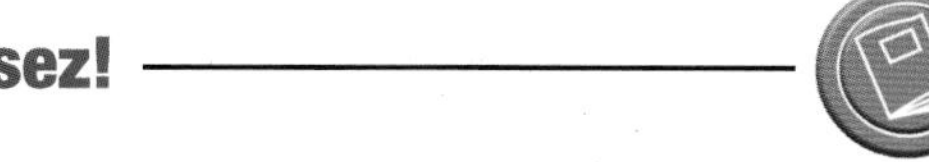

4 Lisez!

Fais correspondre les textes et les dessins.
Exemple: *1. c*

a J'ai chaud.
b J'ai froid.
c J'ai faim.
d Je suis fatiguée.
e J'ai soif.
f J'ai peur.
g Je suis malade.

5 Écrivez!

Écris des phrases. (Le numéro représente un dessin de l'activité 4.)
Exemple: *elle + 7 = Elle a soif.*

a il + ④
b tu + ③?
c nous + ①
d elles + ⑥
e vous + ②
f on + ⑤

ON RÉFLÉCHIT!

Travaille avec un(e) partenaire. La personne A mime une maladie/un problème et dit 'je'/'tu'/'il', etc. La personne B dit la phrase.

C Des remèdes!

Learning objectives

- You will learn to talk about some simple remedies
- You will learn to choose when to say **tu** and when to say **vous**

ON COMMENCE

a Lis les ordres et fais des gestes.

1 Lève-toi!
2 Écris!
3 Assieds-toi!
4 Va tout droit!
5 Regarde!
6 Tourne à droite!
7 Traverse le pont!
8 Tourne à gauche!

b Dis chaque ordre avec la forme 'vous'.

ON APPREND

1 Écoutez!

Écris 1 à 8. Écoute et choisis le bon dessin.
Exemple: *1. c*

a 
Je tousse.

b 
Je suis enrhumée.

c 
Je me suis cassé le bras.

d 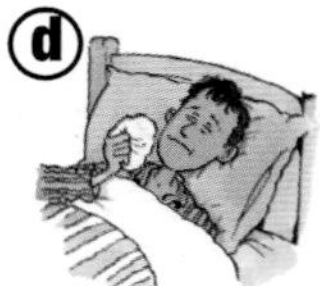
J'ai la grippe.

e 
J'ai pris un coup de soleil.

f 
Je me suis cassé la jambe.

g 
J'ai de la fièvre.

h 
Une guêpe m'a piqué.

2 Lisez!

Lis les phrases. Choisis le bon dessin pour chaque remède.
Exemple: *1. f*

1 Il faut appliquer une crème après-soleil.
2 Il faut aller à l'hôpital.
3 Il faut rester au lit.
4 Il faut boire de l'eau.
5 Il faut prendre du sirop.
6 Il faut prendre des pastilles.
7 Il faut aller à la pharmacie avec cette ordonnance.
8 Il faut laisser la jambe au repos.

a 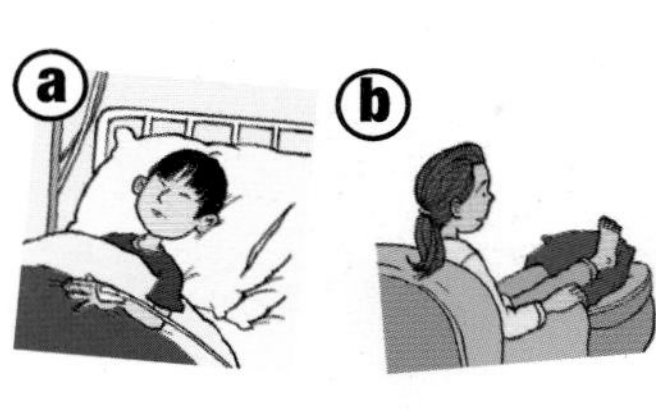
b 
c 
d 
e 
f 
g 
h 

Il faut + *infinitif* You must …

3 Parlez!

Travaille avec un(e) partenaire. Faites des dialogues.

Exemple:
Malade *– J'ai pris un coup de soleil.*
Médecin *– Il faut appliquer une crème après-soleil.*

J'AVANCE

You have learnt that that there are two different words and parts of the verb for 'you':

Tu dois aller à l'hôpital. You must go to hospital. *(talking to one friend)*
Vous devez aller au lit. You must go to bed. *(talking to an adult you do not know well, or to more than one person)*

You can also use **il faut** (one/you must), for example:

Il faut aller au lit. One/You must go to bed.

Il faut is an 'impersonal' verb and can be used formally or informally, and for one or more people.

4 Écoutez!

Écris 1 à 6. C'est une phrase avec 'tu' ou avec 'vous'?

5 Parlez!

a Travaille avec un(e) partenaire. Faites des dialogues entre les personnes mentionnées. Utilisez les formes dans la boîte.

Exemple:
1 A – Je tousse.
B – Prends du sirop.

1 deux jeunes
2 le Président et un médecin
3 un enfant et un parent
4 deux ami(e)s

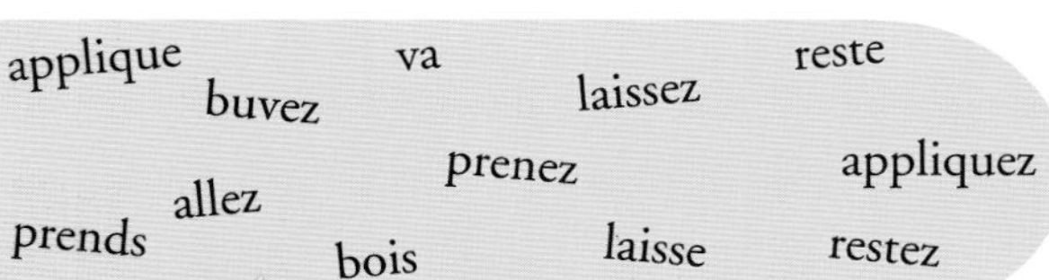

b Utilisez 'tu dois'/'vous devez' + l'infinitif.

Exemple:
1 A – J'ai la grippe.
B – Tu dois rester au lit.

ON RÉFLÉCHIT!

Travaille avec un(e) partenaire. La personne A dit une maladie. La personne B dit un remède.
Exemple: *A – Je me suis cassé le bras.*
B – Il faut aller à l'hôpital.

D Chez le médecin

Learning objectives

- You will learn what to say and to understand what you hear at the doctor's
- You will be reminded to use a variety of different reference materials

ON COMMENCE

Regarde la section grammaire à la page 128. Trouve la forme 'je' au présent de ces verbes irréguliers:

1 faire
2 aller
3 avoir
4 devoir
5 être
6 lire
7 voir
8 pouvoir

ON APPREND

1 Lisez!

Relie les textes et les dessins.
Exemple: *1. b*

① 

② 

③ 

④ 

⑤ 

⑥ 

⑦ 

⑧ 

⑨ 

⑩ 

depuis …
a hier
b ce matin
c trois jours

Qu'est-ce qui s'est passé?
d J'ai joué au tennis/foot.
e J'ai mangé trop de frites/curry.
f J'ai bu trop de café.
g J'ai attrapé un virus dans le bus.

Je ne peux pas …
h dormir.
i manger.
j bouger le bras.

2 Écoutez!

Écris 1 à 5. Écris les numéros des dessins mentionnés. Exemple: *1. 3, 7, 10.*

3 Écoutez!

Écoute la conversation chez le médecin.
a Note les quatre détails faux.
b Change les détails faux.

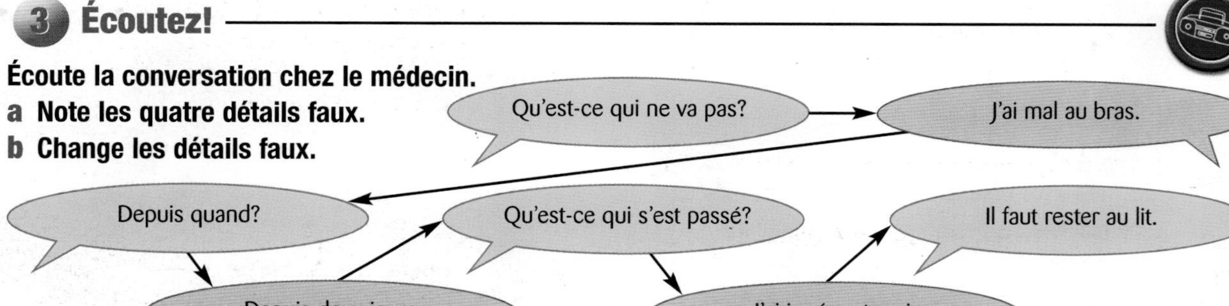

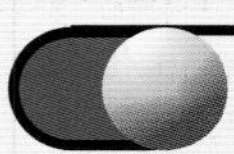

J'AVANCE

Remember to refer to your notes and reference materials when you are reading and writing. Don't turn every activity into an exam question! Look back at the previous page, refer to the vocabulary section on pages 135–138, and use your exercise book. Use a dictionary too, if you have one handy.

4 Lisez!

Thomas a téléphoné. Il est allé en ville à pied ce matin parce qu'il faisait beau et il a acheté des choses à manger. Ensuite, il a joué au foot dans le parc avec des copains. Il est allé à l'hôpital en taxi parce qu'il pense qu'il s'est cassé la jambe.

Lis la note. Pour chaque phrase 1–6, écris vrai (V), faux (F) ou pas mentionné (PM).

1 Thomas est allé en ville en bus.
2 Il faisait mauvais.
3 Il a fait des courses.
4 Il a mangé en ville.
5 Il a joué au foot dans le jardin.
6 Il est allé à l'hôpital à pied.

5 Écoutez!

a **Recopie et complète la grille.**
b **Écoute encore une fois. Note le remède!**

	Problème	Depuis quand?	Comment?	Remède
1	grippe		virus dans le bus	
2		trois jours		
3	mal à la jambe			
4				

6 Parlez!

Travaille avec un(e) partenaire. Répétez ce dialogue. Changez les mots en rouge.

Médecin: Qu'est-ce qui ne va pas?
Malade: J'ai mal à la tête. Je ne peux pas dormir.
Médecin: Depuis quand?
Malade: Depuis hier.
Médecin: Qu'est-ce qui s'est passé?
Malade: J'ai bu trop de café.
Médecin: Il faut rester au lit.

J'AVANCE

Try to include different examples from those given in the model. Refer back to your notes and use different verbs or suggest different foods/drinks which you might have had too much of!

7 Écrivez!

Écris une autre version du dialogue de l'activité 6
ou
écris une note comme celle de l'activité 4.

ON RÉFLÉCHIT!

Par cœur! Présentez votre dialogue à la classe.

Tu es ce que tu manges!

Learning objectives

- You will learn to talk about eating and drinking habits
- You will learn how to combine different tenses in complex sentences

ON COMMENCE

Travaille avec un(e) partenaire. Parlez d'un événement sportif ou d'un vote important (par exemple les Oscars, Pop Idol, une élection). Donnez votre opinion. Dites pourquoi!

Exemple: *A – Je pense que Manchester United/ l'Angleterre va gagner/perdre.*
B – Je suis d'accord./Je ne suis pas d'accord. Je pense que …

ON APPREND

1 Écoutez!

Complète les phrases.

1 Patrick a dit qu'il aime ______ mais qu'il n'aime pas ______ .
2 Lucie a dit qu'elle aime ______ mais qu'elle n'aime pas ______ .
3 Thierry a dit qu'il adore ______ mais qu'il déteste ______ .

2 Lisez!

Choisis le bon dessin (a–j) pour chaque bulle (1–10).

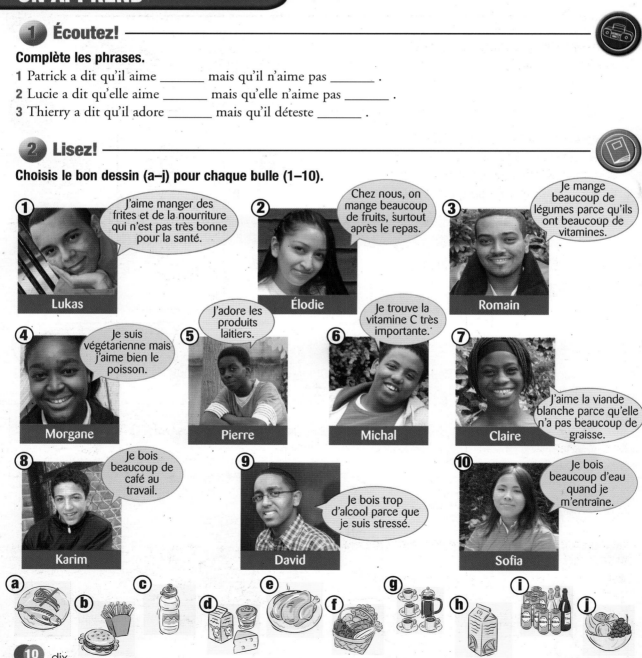

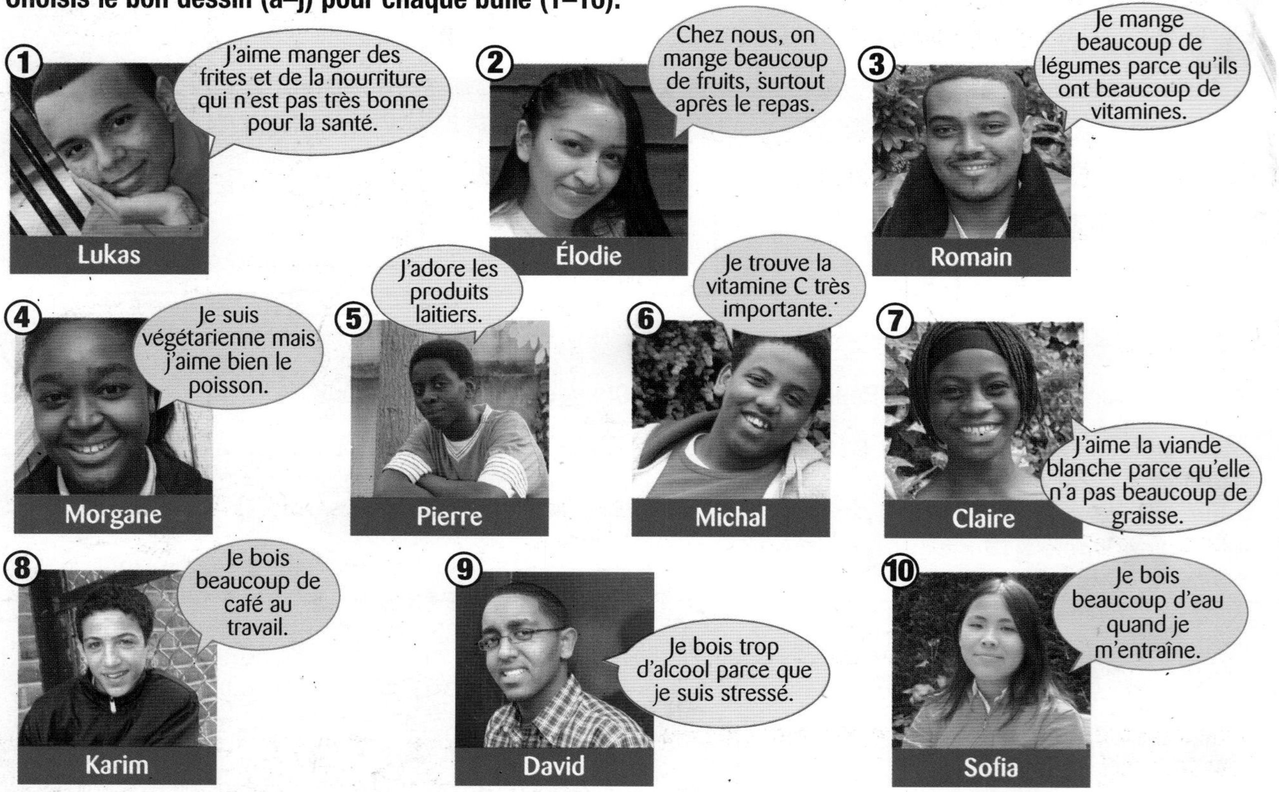

1 Lukas: J'aime manger des frites et de la nourriture qui n'est pas très bonne pour la santé.
2 Élodie: Chez nous, on mange beaucoup de fruits, surtout après le repas.
3 Romain: Je mange beaucoup de légumes parce qu'ils ont beaucoup de vitamines.
4 Morgane: Je suis végétarienne mais j'aime bien le poisson.
5 Pierre: J'adore les produits laitiers.
6 Michal: Je trouve la vitamine C très importante.
7 Claire: J'aime la viande blanche parce qu'elle n'a pas beaucoup de graisse.
8 Karim: Je bois beaucoup de café au travail.
9 David: Je bois trop d'alcool parce que je suis stressé.
10 Sofia: Je bois beaucoup d'eau quand je m'entraîne.

a b c d e f g h i j

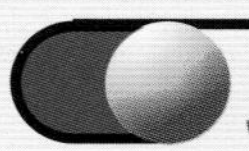

J'AVANCE

You are beginning to mix tenses:

Je pense que Chelsea va gagner.
present → future

Try to identify the different tenses here:

Je pense que Lukas a mangé/bu … I think Lukas ate/drank …
Elle a dit qu'elle va manger/boire … She said she's going to eat/drink …

3 Parlez!

Qui a mangé/bu quoi dans l'activité 2?
Exemple:

Je pense que (Morgane) a mangé le numéro (1).

Je pense que … a bu le numéro …

4 Parlez!

Travaille avec un(e) partenaire. Qu'est-ce qu'ils ont dit? Jouez au morpion.

a **Utilisez je vais/il va/elle va …**

b **Utilisez j'ai dit qu'/il a dit qu'/elle a dit qu' …**

Exemples: *3a. Elle va manger plus de viande blanche.*
3b. Elle a dit qu'elle va manger plus de viande blanche.

1  **je** –	**2** 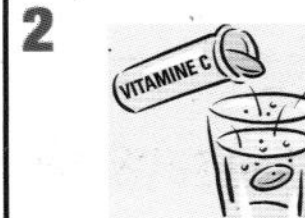 **il** +	**3** 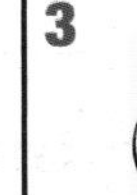  **elle** +
4 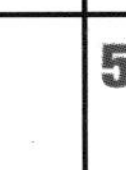 **il** –	**5**  **je** –	**6** 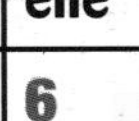  **je** +
7  **elle** –	**8**  **il** –	**9**  **je** +

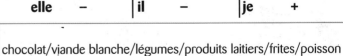

Je vais Il/Elle va J'ai dit que je vais Il/Elle a dit qu'il/elle va	manger boire	[–] moins de/d' [+] plus de/d'	chocolat/viande blanche/légumes/produits laitiers/frites/poisson eau/café/alcool

5 Parlez!

Fais un sondage. Tout le monde doit prendre deux résolutions!

Exemple: *A – Qu'est-ce que tu vas manger?*
B – Je vais manger plus/moins de/d'…
A – Et qu'est-ce que tu vas boire?
B – Je vais boire plus/moins de/d'…

ON RÉFLÉCHIT!

Écris les résultats.
Exemple: *Julie a dit qu'elle va manger/boire …*

F Des résolutions!

Learning objectives

- You will learn how to describe your lifestyle and make some resolutions for a healthier one
- You will learn more about combining tenses in sentences

ON COMMENCE

Quel type de nourriture et quelles boissons sont bonnes pour la santé?
Lesquelles sont mauvaises? Fais deux listes.

Exemple:

✓	✗
le poisson	les bonbons
l'eau	le café

ON APPREND

1 Lisez!

Choisis le bon verbe dans la boîte pour compléter les phrases.

prends · fume · fais · vais · mange · couche · surfe · achète

1 Je _______ sur Internet tous les jours.
2 Je _______ le bus pour aller au collège.
3 Je _______ dix cigarettes par jour.
4 Le week-end, je ________ la grasse matinée.
5 Je ne _______ jamais de petit déjeuner.
6 Je me _______ tard le soir.
7 Je ne _______ jamais à la salle de gym.
8 Pendant la récréation, j'_____ toujours des bonbons ou des chips.

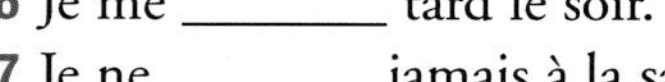

2 Écoutez!

Écoute pour vérifier!

3 Lisez!

Fais correspondre les résolutions (a–h) et les phrases de l'activité 1 (1–8).
Exemple: *a. 6*

a Je vais aller au lit plus tôt.
b Je vais manger des céréales le matin.
c Je vais passer moins de temps devant l'ordinateur.
d Je vais m'entraîner et faire un cours d'aérobic.
e Je vais me lever plus tôt le week-end.
f Je vais aller au collège à pied.
g Je vais manger un fruit au collège.
h Je vais arrêter de fumer!

J'AVANCE

If you don't manage to keep your resolution, you might need to say 'I wanted to ...' or 'I couldn't ...' This isn't as difficult as you might think! Just use **je voulais** and **je ne pouvais pas** plus the infinitive:

Je voulais nager tous les jours.
I wanted to swim every day.
Je ne pouvais pas arrêter de fumer.
I couldn't stop smoking.

4 Écrivez!

Quel désastre – des résolutions manquées! Écris la phrase. Utilise les mots de l'activité 3.

Je voulais …

Je ne pouvais pas …

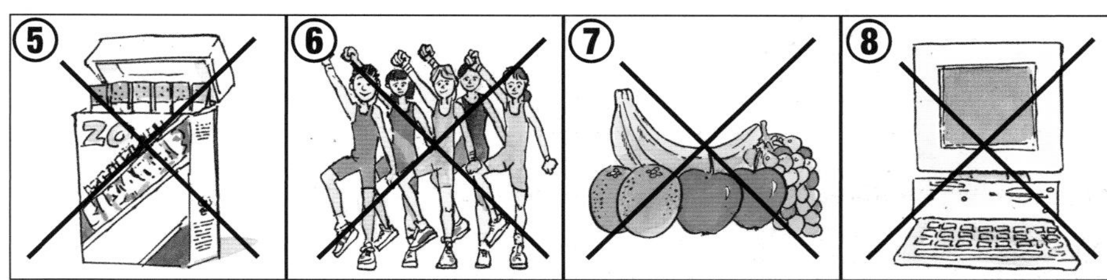

5 Parlez!

Travaille avec un(e) partenaire. Faites des dialogues. Changez les mots en rouge.

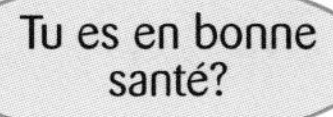

Non, je prends le bus pour aller au collège.

Tu vas prendre une résolution?

Oui, je vais aller au collège à pied.

Plus tard …

Tu as réussi?

Non, je ne pouvais pas aller au collège à pied.

ou

Oui, je voulais aller au collège à pied et j'ai réussi!

Inventez d'autres dialogues!

6 Parlez!

Ton/Ta partenaire est en bonne santé? Pose des questions.

A – Tu te lèves à quelle heure le week-end?	B – Je me lève à ... heures le week-end.
A – Tu te couches à quelle heure?	B – Je me couche à ... heures.
A – Qu'est-ce que tu aimes manger et boire?	B – J'aime manger ... et j'aime boire ...
A – Comment vas-tu au collège?	B – Je vais au collège …
A – Qu'est-ce que tu aimes faire le week-end?	B – J'aime …

7 Écrivez!

Écris un paragraphe sur ton/ta partenaire.

Il/Elle se lève à ... heures le week-end et se couche à ... heures. Il/Elle aime manger ... et boire ... Il/Elle va au collège en/à ... Le week-end, il/elle aime ...

ON RÉFLÉCHIT!

Travaille avec un(e) partenaire. La personne A mime une résolution de l'activité 3 et la personne B dit la phrase.

Un vrai talent!

ON COMMENCE

Tu dois interviewer une personne célèbre. Fais une liste de toutes les questions possibles!
Exemple: *Où habitez-vous?*

Learning objectives

- You will be able to understand a written interview
- You will learn the importance of writing in paragraphs

Où …? Quel …? Qu'est-ce que vous …?
Vous aimez …? Vous avez …?

ON APPREND

1 Lisez!

Lis l'interview. Prends des notes en anglais après chaque section du texte.

INTERVIEW AVEC TONY PARKER: PREMIÈRE STAR BELGE DE L'NBA (NATIONAL BASKETBALL ASSOCIATION, USA)

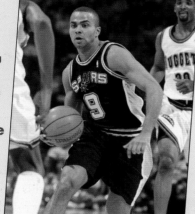

Section 1

Quel âge as-tu?
J'ai 22 ans.

Quel est ton lieu de naissance?
Je suis né à Bruges, en Belgique.

Quelle est la date de ton anniversaire?
C'est le 17 mai.

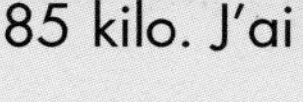

Tu pèses combien?
85 kilo. J'ai pris du poids: torse, bras, jambes.

Section 2

Tu joues au basket où?
En France et aux États-Unis.

Tu aimes aller aux États-Unis?
Oui. J'ai du temps entièrement pour moi. À l'hôtel, je peux me relaxer ou jouer aux jeux électroniques. Le matin, je surfe sur Internet pour lire les dernières nouvelles de France.

Section 3

Qu'est-ce que tu aimes faire quand tu ne joues pas?
Je passe beaucoup de temps avec ma copine Loriane. Nous allons souvent au cinéma et au resto.

Tu aimes d'autres sports?
Oui, j'aime la natation, le vélo et le tennis.

Section 4

Tu t'entraînes beaucoup?
Oui, je m'entraîne deux fois par semaine si je joue trois matchs. Si je joue quatre matchs, une fois par semaine.

Et tu t'entraînes pendant combien de temps?
45 minutes.

Et qu'est-ce que tu vas faire aujourd'hui?
J'ai un programme personnalisé. Je vais faire de la musculation. Je vais travailler le haut: biceps et triceps pour améliorer mon shoot à distance.

j'ai pris du poids I've put on weight
la musculation weight training

Section 5

Qu'est-ce que tu bois pendant la saison?
Je ne bois ni Coca ni Sprite ni Canada Dry. Je bois uniquement de l'eau plate pendant la saison.

Et qu'est-ce que tu as mangé ce matin?
Ce matin, je me suis levé et j'ai bu un jus de pommes. C'est tout.

Et à midi?
À midi, j'ai mangé des pâtes fraîches et du porc.

Et ce soir après le match, qu'est-ce que tu vas manger?
Je vais préparer quelque chose de rapide, par exemple une pizza.

Et tu te couches à quelle heure?
Je vais au lit vers une heure ou deux heures du matin et je me lève vers neuf heures.

J'AVANCE

Organising text into paragraphs or sections is important. In this interview, each section has a theme and this can help you to understand what you are reading. In the next activity you will give each section a heading.

2 Lisez!

Fais correspondre chaque titre (a à e) à la bonne section du texte (1 à 5).

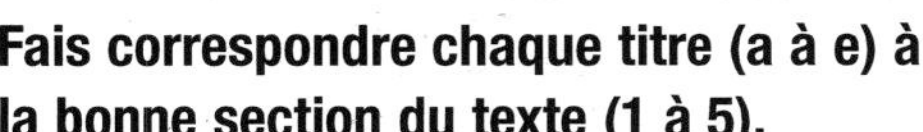

- a **La vie à l'étranger**
- b **Régime: nourriture et boissons**
- c **Temps libre**
- d **Détails personnels**
- e **Entraînement**

3 Lisez!

Réponds aux questions en anglais.

1. Where was Tony Parker born?
2. Where has he put on weight?
3. In which two countries does he play basketball?
4. What does he like doing in his free time?
5. Describe his training in as much detail as you can.
6. What does he drink during the playing season?
7. What did he eat this morning?
8. What did he eat at midday?
9. What is he going to eat this evening after the match?
10. When does he go to bed and when does he get up?

4 Écrivez!

Écris des paragraphes sur Tony Parker avec les titres de l'activité 2.

a Utilise 'je'.

b Utilise 'il'.

Exemple: *Paragraphe 1: Détails personnels*

a Je m'appelle ... J'ai ... ans et je suis né à ...

b Il s'appelle ... Il a ... ans et il est né à ...

ON RÉFLÉCHIT!

Lis ton travail à haute voix devant la classe.

Des articles

Learning objectives

- You will learn to write a short article about a famous person
- You will learn the importance of checking your work

ON COMMENCE

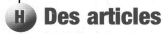

Écoute et ensuite écris le passage.
Vérifie l'orthographe et les accents.

ON APPREND

Nom: Zidane
Prénom: Zinédine
Date de naissance: le 23 juin 1972
Lieu de naissance: Marseille
Habite: Madrid en Espagne
Taille: 1 m 85
Poids: 80 kg
Famille: mère, père, 1 sœur (Lila), 3 frères (Djamel, Farid et Nordine), femme (Véronique), trois fils (Enzo, Luca, Théo)
Métier et poste: joueur de foot, milieu de terrain
Clubs professionnels: Bordeaux, Juventus FC, Real Madrid
Intérêts: le tennis, jouer avec ses enfants, faire la cuisine
Routine à Turin (1996–2001):
matin: se lever 7 h 30; petit déjeuner avec ses enfants; aller au parc; faire les courses au centre-ville; travailler sur son ordinateur
midi: manger des pâtes au restaurant
soir: cinéma, théâtre, regarder un bon film à la maison
Ambitions: devenir le meilleur footballeur du monde; vivre heureux avec sa famille

Lisez!

Choisis la bonne réponse.

1 Zinédine Zidane est né à
a Madrid
b Marseille
c Turin.

2 Il est né
a en hiver
b en automne
c en été.

3 Il est
a joueur de foot
b chef de cuisine
c joueur de tennis.

4 Il pèse
a quatre kilos
b quatre-vingts kilos
c vingt-huit kilos.

5 À Turin, le matin il s'est levé à
a sept heures et demie
b sept heures et quart
c sept heures.

 2 Écrivez!

Écris un article sur Zinédine Zidane pour le magazine *Onze mondial*. Utilise les phrases dans les boîtes. Écris six paragraphes:

a **Détails personnels**

b **Famille**

c **Métier et carrière**

d **Temps libre**

e **Sa routine à Turin** **(Utilise le passé composé!)**

f **Ses ambitions**

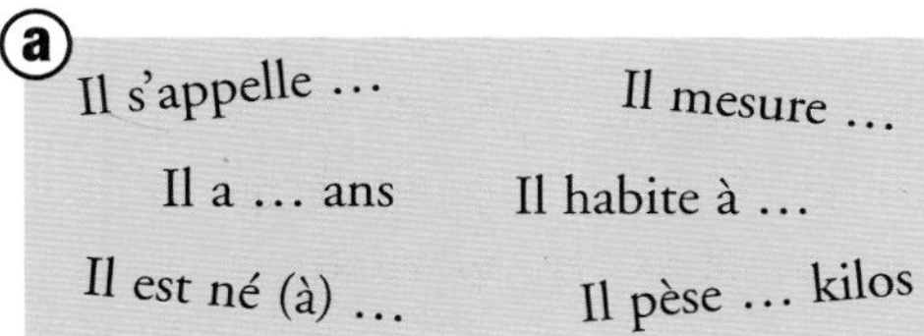
a
Il s'appelle …
Il mesure …
Il a … ans
Il habite à …
Il est né (à) …
Il pèse … kilos

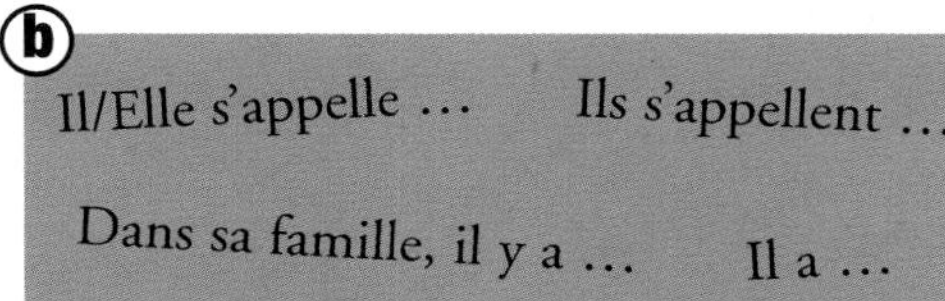
b
Il/Elle s'appelle …
Ils s'appellent …
Dans sa famille, il y a …
Il a …

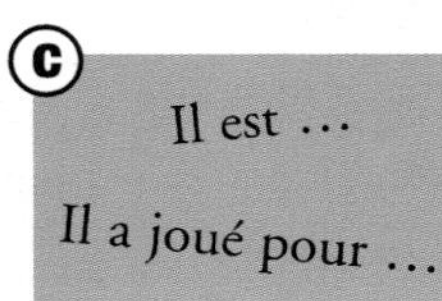
c
Il est …
Il a joué pour …

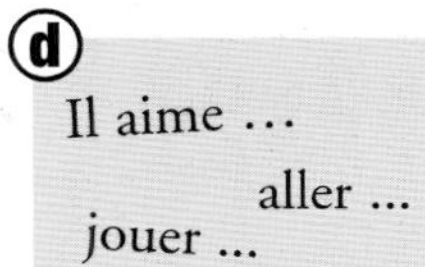
d
Il aime …
aller …
jouer …

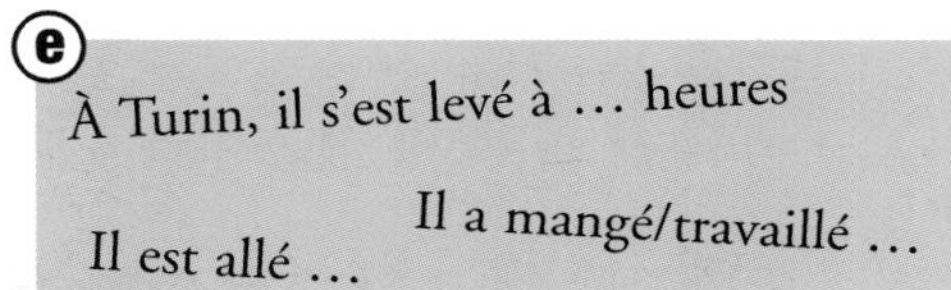
e
À Turin, il s'est levé à … heures
Il a mangé/travaillé …
Il est allé …

f
Il voudrait …

J'AVANCE

It is important to check your work:

Content: Have you included all the information required?

Length: Have you written the correct number of words?

Level: If you are aiming for a level 5, have you written in paragraphs, and have you included past/future tenses and opinions?

Accuracy: have you checked …

- accents?
- spellings?
- adjective agreements (**–e/–s/–es**)?
- verb forms?
- past participles (e.g. **il a mangé**)?
- use of the infinitive (e.g. **il aime jouer**)?

ON RÉFLÉCHIT!

Lis l'article de ton/ta partenaire. Il y a des erreurs? Corrigez-les ensemble.

La pub

Learning objective

- You will learn to understand publicity material

ON COMMENCE

Travaille avec un(e) partenaire. Pose trois questions à ton/ta partenaire sur sa routine.

Exemples:

Tu te lèves/te couches à quelle heure?

Tu manges le petit déjeuner à quelle heure?

Tu arrives au collège à quelle heure?

J'AVANCE

When reading, remember to use different resources to help you, for example the words given on this page, the vocabulary list on pages 135–138 and a dictionary.

1 Lisez!

Trouve la bonne publicité (a–f).

1 Tu aimes lire au sujet de la santé.
2 On parle des accidents sur la route.
3 On parle des dangers du tabac.
4 Tu veux faire de l'exercice à la maison.
5 On parle des dangers de l'alcool quand on conduit une voiture.
6 On doit se protéger la tête quand on est à bicyclette.

a

Avec le DVD

WES SANCHEZ, VOTRE ENTRAÎNEUR PERSONNEL

Bougez sans sortir de chez vous!

Au programme de ce DVD:

- Tous les secrets d'une remise en forme progressive, grâce à des exercices simples et efficaces.

b

Offrez-vous

1 an d'abonnement + un réveil radiopiloté

pour **29,90€**

seulement au lieu de ~~59€~~,

Pour vous **49%** de réduction

c

VOUS AVEZ BU ET VOUS PRENEZ LE VOLANT: VOUS N'AIMEZ PAS VOS AMIS?

CELUI QUI **CONDUIT** C'EST CELUI QUI NE **BOIT PAS.**

Le soir, je … la télévision.

Le week-end je … avec mes amis.

Je … beaucoup.

Parfois je … des castings à Paris.

2 Écoutez!

Écoute pour vérifier.

3 Écrivez!

Écris un paragraphe sur la vie de Jonatan avant *La Nouvelle Star*. Utilise la forme 'il'.
Exemple: *Deux fois par semaine, il prend des cours de danse. Au lycée, il …*

4 Écrivez et écoutez!

Écris la bonne forme de chaque verbe. Écoute pour vérifier.
Exemple: *1. va*

SA VIE APRÈS …

1 Il (aller) dans la salle de bains pour se coiffer.
2 Il (prendre) un petit déjeuner rapide.
3 Il (jouer) du piano.
4 Il (parler) aux journalistes.
5 Il (regarder) les portraits des artistes de sa maison de disques: Britney Spears, Dido …
6 Il (aller) au studio.
7 Il (chanter) devant le micro.
8 Il (téléphoner) à sa famille.
9 Il (danser) devant les caméras.
10 Il (faire) les courses.
11 Il (manger) chez lui.

5 Écrivez!

Imagine que tu es la *Nouvelle Star*! Écris des paragraphes sur ta nouvelle vie. Utilise 'ensuite', 'le matin', 'le soir', etc.

Attention: son/sa → mon/ma

Exemple: *Le matin, je vais dans la salle de bains. Ensuite, je prends …*

ON RÉFLÉCHIT!

Travaille avec un(e) partenaire. La personne A dit un verbe à l'infinitif et un sujet. La personne B dit la forme correcte.

Exemple: *A – aller, nous*
B – nous allons

À l'*École des Stars*

Learning objectives

- You will understand descriptions of a day in the life of *Star School*
- You will revise the perfect tense forms of common regular verbs with **avoir**

ON COMMENCE

Fais correspondre le participe passé et l'anglais.
Exemple: *1. g*

1 téléphoné	**a** watched
2 regardé	**b** listened
3 écouté	**c** played
4 fini	**d** chose/chosen
5 mangé	**e** visited
6 choisi	**f** ate/eaten
7 joué	**g** phoned
8 visité	**h** finished

J'AVANCE

You have already learnt how to form the perfect tense of regular verbs with **avoir**. You need the correct part of **avoir** (e.g. **j'ai**, **nous avons**) plus the past participle.

To form the past participle of **–er** verbs, take off the **–er** and add **é**; for **–ir** verbs, take off the **–ir** and add **i**:

manger	to eat	→ **j'ai mangé**
finir	to finish	→ **nous avons fini**

ON APPREND

UNE JOURNÉE À L'ÉCOLE DES STARS

Écoutez!

Écoute les activités 1 à 10. C'est Pierre (P) ou Romain (R)?
Exemple: *1. R*

Pierre

Romain

2 Écrivez!

Remplis les blancs avec la bonne forme d'avoir et le bon participe passé. Exemple: *1. avons participé*

1 Nous ______ (participer) au cours de théâtre.
2 J'______ (acheter) notre CD.
3 Nous ______ (parler) anglais pendant le cours d'anglais.
4 J'______ (jouer) de la guitare et j' ______ (finir) mes préparations.
5 Nous ______ (manger) ensemble.
6 J'______ (choisir) une chanson pour samedi.
7 Nous ______ (participer) au cours de danse.
8 J'______ (préparer) ma chanson pour samedi soir.
9 J'______ (manger) mon petit déjeuner à huit heures.
10 Le soir, j'______ (regarder) la télévision.

3 Lisez!

Qui fait ça? Lis les phrases 1 à 10 de l'activité 2. C'est Morgane (M) ou Sofia (S)? Exemple: *1. M*

Morgane

Sofia

4 Parlez!

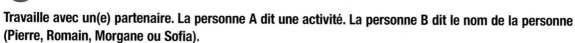

Travaille avec un(e) partenaire. La personne A dit une activité. La personne B dit le nom de la personne (Pierre, Romain, Morgane ou Sofia).

Exemple: *A – J'ai joué du piano.*
B – Pierre!

5 Écrivez!

Décris ta journée à l'*École des Stars*! Ajoute des opinions.

Le matin/soir D'abord Ensuite	j'ai nous avons	chanté/mangé/écouté/ dansé/lu/nagé/joué/ téléphoné
C'était	intéressant/super/ennuyeux/difficile/ facile/nul/formidable!	

ON RÉFLÉCHIT!

Travaille avec un(e) partenaire. Faites des phrases à tour de rôle.

Exemple: *A – D'abord, j'ai …*
B – Ensuite, j'ai …

C La vie de Sarah

Learning objectives

- You will understand an interview with a former contestant of *Mégastars*
- You will revise how to form the perfect tense of irregular verbs

ON COMMENCE

Lis et écoute l'interview. Compte les participes passés des verbes réguliers (quitté, etc). Il y en a combien?

ON APPREND

Ma vie avant *Mégastars*

Tu as eu des problèmes à la maison?

Sarah: Oui, ma mère a bu beaucoup d'alcool et elle a pris de la drogue.

Et tu as quitté la maison?

Sarah: Oui. Un jour j'ai téléphoné à ma mère et nous avons eu une grosse dispute. C'était horrible! J'ai quitté la maison et j'ai vécu dans la rue. Je n'ai pas quitté le lycée.

Comment était la vie dans la rue?

Sarah: Affreuse. J'ai été souvent malade. J'ai mangé mais pas assez. Quand j'ai acheté un McDo, c'était le luxe! J'ai téléphoné à ma mère tous les jours. J'ai souvent dit: «Ça va bien. Je suis très positive!»

Mégastars

Sarah: J'ai voulu quitter la rue et *Mégastars*, c'était ma grande chance.

Et Mégastars était une bonne expérience pour toi?

Sarah: Oui, j'ai trouvé des amis et j'ai appris beaucoup de choses. Et j'ai aimé être célèbre. J'ai lu un article sur moi dans un magazine – c'était super mais bizarre! Le seul problème, c'est que mon ami Jérémy était jaloux et agressif.

Ma vie après *Mégastars*

Sarah: J'ai acheté un appartement à Lille et j'ai rencontré un nouveau petit-ami.

Et ta vie maintenant?

Sarah: J'ai revu ma mère pour la première fois. C'était extraordinaire! Ma nouvelle chanson s'appelle «Je laisse faire».

1 Lisez!

Lis l'interview encore une fois et mets les dessins dans le bon ordre.
Exemple: *1. c*

a

b

c

d

e

f

g

h

i

j

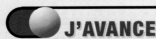

J'AVANCE

The perfect tense of irregular verbs with **avoir** is formed in the same way as with regular verbs – only the past participles are different. You have to learn them individually. In the next activity you will find some of these irregular past participles.

Lisez!

Trouve dans le texte les participes passés de ces verbes irréguliers.
Exemple: *1. vu*

1 voir *(to see)*
2 apprendre *(to learn)*
3 lire *(to read)*
4 boire *(to drink)*
5 dire *(to say)*
6 prendre *(to take)*
7 vouloir *(to want)*
8 avoir *(to have)*
9 vivre *(to live)*
10 être *(to be)*
11 faire *(to make/do)*

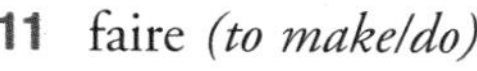

Écrivez!

Regarde l'interview et remplace les images avec les participes passés de la boîte.
Exemple: *1. bu*

Sarah: J'ai eu des problèmes à la maison parce que ma mère a  beaucoup l'alcool et elle a  de la drogue.

Et qu'est-ce que tu as fait?

Sarah: Un jour j'ai  la maison et j'ai  dans la rue.

C'était comment?

Sarah: La vie était difficile et je n'ai pas assez .

Tu as vu ta mère?

Sarah: J'ai  à ma mère et j'ai  que tout allait très bien.

Tu as aimé *Mégastars*?

Sarah: *Mégastars* était une bonne expérience pour moi: j'ai  des amis et j'ai  beaucoup de choses.

Et tu as aimé être une star?

Sarah: J'étais surprise quand j'ai  un article sur moi dans un magazine.

Et aprés *Mégastars*?

Sarah: J'ai  un appartement et j'ai  ma mère encore.

lu quitté vu pris
dit téléphoné bu mangé
acheté trouvé vécu appris

Parlez!

Travaille avec un(e) partenaire. La personne A fait l'interview, la personne B est Sarah. Remplace les images par des mots.

ON RÉFLÉCHIT!

Écris un résumé de la vie de Sarah en anglais.

D Les vacances

Learning objectives

- You will learn to talk about holidays
- You will revise how to form the perfect tense with verbs which take **être**

ON COMMENCE

Présent, passé ou futur?

Exemple: *1. futur*

1 Je vais aller au cinéma ce soir.
2 J'ai fait mes devoirs.
3 Elle adore les chiens.
4 Nous sommes allés à la plage.
5 Elles vont acheter un cadeau.
6 Tu es d'accord?

Invente d'autres exemples!

ON APPREND

1 Écoutez!

Julien et Chloé décrivent leurs vacances. Écoute et choisis la bonne réponse.

Exemple: *Julien: 1. b, Chloé: 1. a*

1 Où vas-tu en vacances normalement?
Normalement …
a je vais à la campagne.
b je reste à la maison.
c je vais en Italie.

2 Où est-tu allé(e) en vacances l'année dernière?
L'année dernière …
a je suis allé(e) en Espagne avec ma famille.
b je suis allé(e) à Paris avec des ami(e)s.
c je suis allé(e) au Portugal avec ma sœur.

3 Comment as-tu voyagé?
Nous y sommes allé(e)s …
a en train.
b en voiture.
c en avion.

4 Où es-tu resté(e)?
Je suis resté(e) …
a dans un hôtel.
b dans un camping.
c dans une pension.

5 Qu'est-ce que tu as fait?
a J'ai visité des monuments historiques et j'ai pris des photos.
b Nous sommes allé(e)s à la plage et je me suis bronzé(e).
c Je suis allé(e) en ville et j'ai mangé dans un restaurant.

6 C'était comment?
C'était …
a fantastique.
b ennuyeux.
c assez bien.

7 Et l'année prochaine?
J'espère …
a aller à New York. Ce sera génial!
b aller en Écosse. Ce sera intéressant.
c rester chez moi. Ce sera moins cher!

J'AVANCE 1

To form the perfect tense of verbs which take **être** (e.g. **aller**, **rester**), you need to use the correct form of **être** plus the past participle. See page 130 for other verbs which take **être** in the perfect tense. Remember that the past participle must 'agree' with the subject, adding an **–e** for the feminine form and **–s** for the plural form:

je suis allé(e)
tu es allé(e)
il est allé
elle est allée
on est allé

nous sommes allé(e)s
vous êtes allé(e)(s)
ils sont allés
elles sont allées

Parlez!

Travaille avec un(e) partenaire. Faites des dialogues. La personne A pose les questions 1 à 7 de l'activité 1. La personne B répond.

Écrivez!

Écris trois paragraphes au sujet de tes vacances ou des vacances imaginaires.

1 Normalement je vais … C'est … *(opinion)*
2 L'année dernière, je suis allé(e) …/nous sommes allé(e)s en …
Je suis resté(e) dans … J'ai visité … C'était … *(opinion)*
3 L'année prochaine, j'espère aller … Ce sera … *(opinion)*

J'AVANCE 2

You can improve the level of your work by including different tenses. In activity 1 above, question 1 uses the present tense, questions 2–5 the perfect (past) tense, and question 7 the future tense. Try to use different tenses in activity 3.

ON RÉFLÉCHIT!

Jouez au morpion! Dis le verbe **aller** au passé.
Écris la bonne forme pour un point en plus!

1 je	2 tu	3 il
4 elle	5 on	6 nous
7 vous	8 ils	9 elles

Déjeuner du matin

Learning objective

- You will learn to analyse and write a simple poem

ON COMMENCE

Fais une liste des parties du corps. Commence par la tête!

ON APPREND

Écoutez!

Écoute et lis le poème. Compte les participes passés (mis, tourné, etc). Il y en a combien?

Jacques Prévert

Déjeuner du Matin

Il a mis le café
Dans la tasse
Il a mis le lait
Dans la tasse de café
Il a mis le sucre
Dans le café au lait
Avec la petite cuiller
Il a tourné
Il a bu le café au lait
Et il a reposé la tasse
Sans me parler
Il a allumé
Une cigarette
Il a fait des ronds
Avec la fumée
Il a mis les cendres
Dans le cendrier
Sans me parler
Sans me regarder
Il s'est levé
Il a mis
Son chapeau sur sa tête
Il a mis
Son manteau de pluie
Parce qu'il pleuvait
Et il est parti
Sous la pluie
Sans une parole
Sans me regarder
Et moi j'ai pris
Ma tête dans mes mains
Et j'ai pleuré.

Lisez!

Écris 1 à 10. Mets les images (a–j) dans le bon ordre. Exemple: *1. d*

a 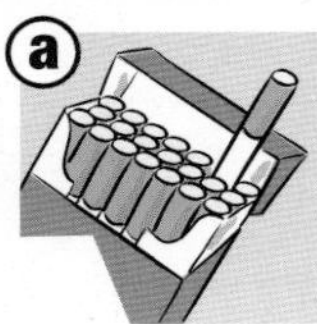

b 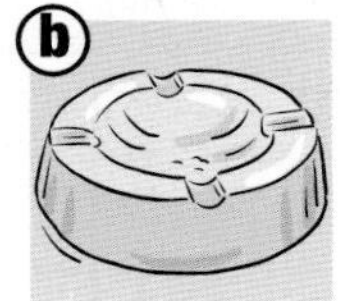

c 

d 

e 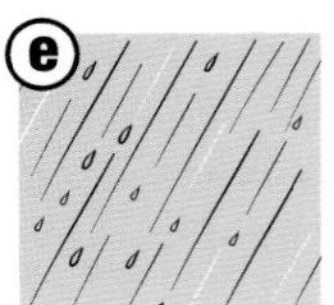

f 

g 

h 

i 

j 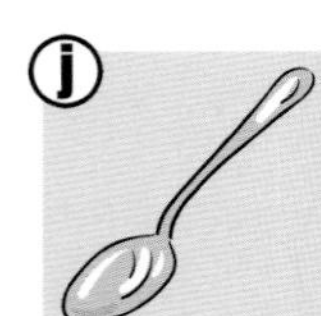

3 Lisez!

Lis les questions. Choisis la bonne réponse.

1 Le poème parle de combien de personnes?
a une **b** deux **c** trois

2 Les personnes sont probablement …
a deux femmes **b** une femme et deux hommes
c un homme et une femme.

3 Ça se passe quand?
a le matin **b** l'après-midi **c** le soir

4 Quel temps fait-il?
a Il fait beau. **b** Il pleut. **c** Il fait du soleil.

5 Le poème est écrit …
a au présent **b** au passé **c** au futur.

6 Le poème est …
a amusant **b** romantique **c** triste.

7 Pourquoi est-ce qu'ils ne se parlent pas?
a Ils se sont disputés. **b** Ils sont fatigués.
c Ils sont malades.

J'AVANCE

Look at the poem again. It has lots of features which add to the impact.

– What do you notice about the length of the lines?
– Make a list of words which are repeated.
– Find the 'chorus' which is repeated for effect.
– Which words rhyme?

4 Écrivez!

a Lis ce poème. Tu étais dans la cuisine ce matin et ton frère est entré …

Il est entré dans la cuisine
Sans me parler
Il a bu un jus de pomme
Il a mangé une orange
Sans me regarder
Il a regardé la télé
Il a mis son manteau de pluie
Parce qu'il pleuvait.
Et il est parti.

b Écris un poème similaire.
Change:
– la boisson
– la nourriture
– les activités
– les vêtements
– le temps

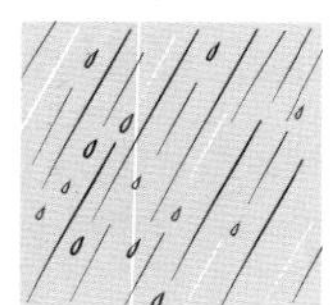

ON RÉFLÉCHIT!

Lis ton poème à haute voix.

Bruce Tout-Puissant!

Learning objectives

- You will learn to understand details about a film
- You will learn how to change the emphasis in a sentence

ON COMMENCE

Travaille avec un(e) partenaire. Imaginez un dialogue.

Exemple: A – *Tu as vu un film que tu aimes?*
B – *Oui, j'ai vu (Matrix Revolutions).*
A – *La star, c'était qui?*
B – *Keanu Reeves.*
A – *Le film, c'était comment?*
B – *C'était formidable!*
A – *Il y a un autre film que tu voudrais voir?*
B – *Oui, je voudrais voir … Je pense que ce sera …*

ON APPREND

Lisez!

Trouve
a les mots que tu connais **b les mots transparents.**

Bruce Nolan est reporter pour une célèbre chaîne de télévision à Buffalo. Ambitieux, il est pourtant relégué aux infos régionales. Il est constamment de mauvaise humeur et rêve de présenter le journal de 20 heures. Il pense qu'il va avoir cette promotion, mais c'est son ennemi qui la reçoit.

Mais pourquoi est-ce qu'il est de si mauvaise humeur? Il est célèbre et il est aimé par une très jolie jeune femme, Grace.

Un jour, tout va mal pour lui. Il a un accident de voiture et il perd son job à la chaîne de télévision.

Bruce dit qu'il est victime; il est très furieux et montre son agression contre Dieu. Il demande un miracle. Mais Dieu l'écoute et décide de prendre forme humaine et de descendre sur Terre.

Dieu donne au reporter les pouvoirs divins pendant une semaine. Il dit à Bruce: «Fais mieux que moi …»

Tout puissant, Bruce marche sur l'eau, transforme sa vieille voiture en voiture de sport, et dit «oui» à toutes les prières. Le résultat? Le chaos …

les infos régionales local news
rêver dream
Dieu God
les pouvoirs *(mpl)* powers
le journal news magazine programme
la prière prayer

2 Lisez!

Écris 1 à 6. Lis le texte et mets les dessins dans le bon ordre.

a

b

c

d

e

f

3 Lisez!

Remplis les blancs avec les mots dans la boîte. Essaie d'abord sans regarder le texte à la page 32.

1 Bruce Nolan travaille comme ________ .
2 La chaîne de télévision se trouve à ________ .
3 Son ambition, c'est de ________ le ________ de 20 heures.
4 Sa femme est jeune et ________ .
5 Elle s'appelle ________ .
6 Un jour tout va mal: il a un ________ de voiture et il perd son ______ .
7 Bruce est fâché contre Dieu. Dieu vient rendre ________ à Bruce.
8 Bruce va avoir les pouvoirs de Dieu pendant une ________ .
9 Bruce se donne une nouvelle ________ .
10 Quand Bruce est Dieu, le monde est ________ .

Grace semaine reporter accident
chaotique voiture job journal
Buffalo présenter jolie visite

J'AVANCE

You can add emphasis to certain words by changing their position in a sentence:

Tout puissant, **Bruce marche sur l'eau** …
All powerful, Bruce walks on water …

This sentence emphasises how powerful Bruce is by placing the relevant words at the beginning of the sentence.

ON RÉFLÉCHIT!

a Remplis les blancs.
b Lis les phrases à haute voix.

1 La ________ de *Bruce Tout-Puissant*, c'est Jim Carrey.
2 À ________, il n'y a pas beaucoup de choses à faire.
3 C'est ________ qui rend visite à Bruce.
4 ________! C'est un film que j'adore!

Buffalo star Dieu fantastique

Mon feuilleton

Learning objectives

- You will learn how to describe characters in a soap opera
- You will learn how to use the word **qui** (who/which)

ON COMMENCE

Regarde les personnages. Dis le nom et l'âge de chaque personne.
Exemple: *Voici Bernard. Il a quarante-sept ans.*

Place Albert Camus

ON APPREND

Voici les familles du feuilleton *Quartier Est* qui habitent dans la Place Albert Camus.

Appartement 1

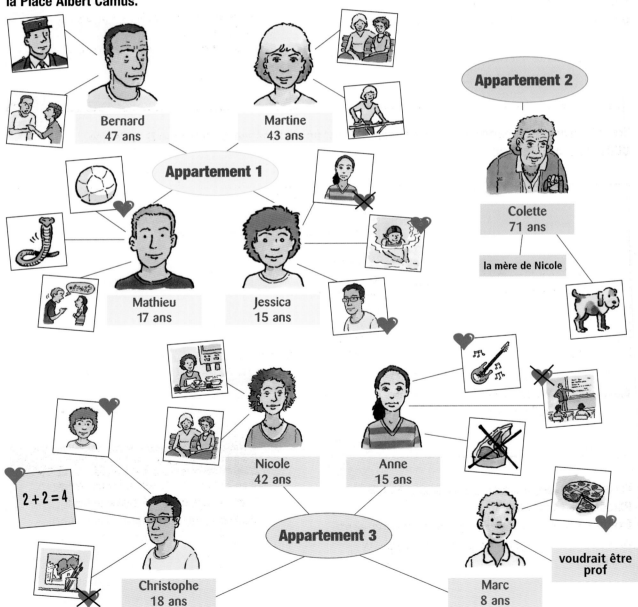

Bernard
47 ans

Martine
43 ans

Mathieu
17 ans

Jessica
15 ans

Appartement 2

Colette
71 ans

la mère de Nicole

Appartement 3

Nicole
42 ans

Anne
15 ans

2 + 2 = 4

Christophe
18 ans

Marc
8 ans

voudrait être prof

 Écoutez!

Écris 1 à 5. Qui parle? Écoute et écris le nom de la personne.

 Lisez!

Qui est-ce? Écris le nom de la personne.

1 C'est un homme qui est agent de police.
2 C'est une femme qui a un chien.
3 C'est une fille qui aime nager.
4 C'est un garçon qui a huit ans.
5 C'est un jeune homme qui n'aime pas le dessin.

J'AVANCE

The word **qui** in French means 'who' or 'which' in English:

J'ai un frère qui a 16 ans.
I have a brother who is 16.

Elle a un chien qui s'appelle Max.
She has a dog which is called Max.

J'habite dans une maison qui est au bord de la mer.
I live in a house which is by the sea.

 Parlez!

Travaille avec un(e) partenaire. La personne A décrit un personnage, la personne B dit le nom. Utilise ces expressions:

C'est	un (jeune) homme/garçon une (jeune) femme/fille	qui	aime/n'aime pas … est … est le père/fils/l'ami de … est la mère/fille/l'amie de … est marié(e) avec … a … (ans) habite au numéro … porte … travaille … a insulté ... se dispute souvent avec …

Exemple: *A – C'est une femme qui travaille dans un café.*
B – C'est Nicole.

 Écrivez!

Écris des descriptions de trois personnes à la Place Albert Camus.

Exemple: *C'est un homme qui a quarante-sept ans et qui est agent de police. Il s'appelle Bernard.*

ON RÉFLÉCHIT!

Décris à ton/ta partenaire deux personnages de ton feuilleton préféré. Utilise **qui** et le vocabulaire de l'activité 3.

H Cendrillon

Learning objectives

- You will show your understanding of a modern version of the Cinderella story
- You will learn how to work out the meaning of unknown words

ON COMMENCE

Fais correspondre le français et l'anglais.
Exemple: *1. d*

1 ensuite	**a** at the weekend
2 d'abord	**b** later
3 plus tard	**c** in the evening
4 le soir	**d** then
5 tous les jours	**e** first of all
6 le week-end	**f** every day

ON APPREND

1 Écoutez et lisez!

Regarde les dessins. Écoute et lis les phrases à la page 37.
Écris 1 à 15. Mets les dessins dans le bon ordre.

Exemple: *1. f*

a

b
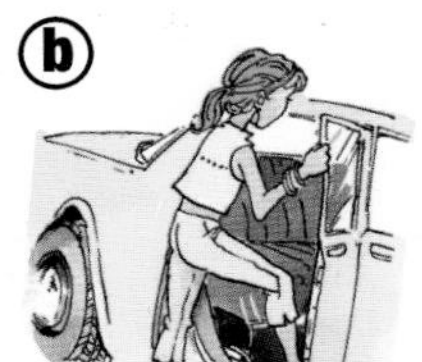

c

d

e

f

g

h

i

j

k

l

m

n

o

1 Julie est une jeune fille qui est belle et gentille.

2 Elle habite avec sa belle-mère et avec ses deux demi-sœurs horribles: Anastasie et Javotte.

3 Les demi-sœurs traitent Julie comme une servante. Elle fait le ménage et la vaisselle.

4 Un jour, les demi-sœurs ont brûlé les vêtements de Julie: tout était en cendres. C'est pour ça qu'elles l'ont appelée «Cendrillon».

5 Un jour, un e-mail est arrivé. Il y a une nouvelle boîte de nuit à Paris et elles sont invitées!

6 Les demi-sœurs sont parties mais Cendrillon est restée à la maison.

7 C'était samedi soir. Cendrillon était triste et elle a pleuré dans sa chambre.

8 Elle a regardé la télévision. Elle a gagné au loto!

9 Elle a acheté des vêtements à la mode et elle est allée à la boîte de nuit en limousine.

10 Elle a dansé toute la nuit et elle a rencontré le DJ, Lukas. Elle l'aime beaucoup!

11 Elle a vérifié les numéros du loto sur son téléphone portable. Un problème! Un numéro est faux!

12 Elle a eu honte. Elle est partie mais elle a laissé tomber son portable.

13 Le DJ a trouvé le portable et il a téléphoné à Julie.

14 Lukas a rencontré Julie. Une amie pauvre n'était pas un problème pour lui!

15 Julie va quitter la maison et elle va se marier avec Lukas.

2 Lisez!

Écris une liste des phrases qui sont:
a au présent b au passé composé c au futur.

J'AVANCE

When trying to understand a text, look carefully at the following:

- different tenses (present, past, future)
- the use of words like **qui**
- words you know
- cognates or near cognates, where you can work out the meaning
- context: clues from pictures, other words in the sentence, or the overall theme or storyline.

3 Écrivez!

Écris un résumé de l'histoire en anglais.

ON RÉFLÉCHIT!

Fais une liste des nouveaux mots.

J'ai un problème!

Learning objectives

- You will learn to understand problem page letters
- You will learn to understand and write extended sentences

ON COMMENCE

Écris 1 à 6. Écoute les six phrases. C'est quelle forme – tu (T), vous (V) ou ni l'un ni l'autre (X)?

ON APPREND

1 Lisez!

Lis ces quatre lettres du courrier du cœur.

1

Chère Lucie,

J'ai un problème avec mon ami. Il ne me parle plus. Il ne m'envoie pas de textos. Je l'ai vu à une fête avec une autre fille. Je ne sais pas comment elle s'appelle, mais elle est très belle et elle danse bien! Je ne veux pas parler à mon ami parce que j'ai peur qu'il me quitte!

Tu peux m'aider, Lucie?
Amitiés,
Katia

2

Chère Lucie,

Je veux faire beaucoup de choses: aller au cinéma, rendre visite à mes amis, aller aux fêtes. Le problème, c'est que mes parents sont très sévères et je n'ai pas le droit de sortir le soir pendant la semaine. Et est-ce que tu sais à quelle heure je dois rentrer le week-end? 21 heures! Je fais tous mes devoirs et je ne suis pas rebelle! Qu'est-ce que je peux faire?

Aide-moi!
Amitiés,
David

3

Chère Lucie,

Je n'ai pas d'amies au collège. Je ne sais pas pourquoi je n'ai pas d'amies. Je suis assez timide mais je suis gentille aussi. Je voudrais parler aux gens mais je suis trop timide.

Écris-moi vite!
Amitiés,
Charlotte

4

Chère Lucie,

J'aime le collège et je suis assez fort en toutes les matières mais j'ai trop de devoirs! Je ne comprends pas pourquoi les profs donnent tant de devoirs! Je n'ai pas beaucoup de temps libre parce que je dois rester à la maison et travailler. Je ne suis plus en bonne forme (je ne peux pas faire de sport) et je ne vois pas souvent mes amis, même le week-end.

J'ai besoin de ton aide!
Amitiés,
Kevin

2 Lisez!

Trouve comment on dit en français:

1 I have a problem.
2 What can I do?
3 Help me!
4 Write to me quickly!
5 I need your help.

 Écrivez! 

Écris le nom de la personne qui …

1 … trouve son père et sa mère trop stricts.
2 … est très stressé au collège.
3 … a des problèmes d'amour.
4 … est seule et isolée.

 Parlez! 

Travaille avec un(e) partenaire. La personne A dit un problème (a–e), la personne B donne un conseil (1–5).

a) J'ai trop de devoirs.

b) Je n'ai pas d'amis.

c) Mes parents sont stricts.

d) Mon ami ne me parle pas.

e) Mon lapin est mort.

1) Tu vas vite trouver un nouvel ami!

2) Parle aux profs!

3) Deviens membre d'une équipe ou d'un club pour rencontrer des gens!

4) C'est très triste mais il faut en acheter un autre!

5) Demande d'abord si tu peux sortir une ou deux heures pendant la semaine.

J'AVANCE

Each letter in activity 1 uses at least one extended sentence, for example:

Je ne sais pas pourquoi … I don't know why …
Je ne comprends pas pourquoi … I don't understand why …

Find these sentences and translate them into English.

 Écrivez! 

Écris une lettre au courrier du cœur.

Chère Lucie,
J'ai un problème avec mes parents/mon frère/ma sœur/mon ami(e).
Il/Elle est.../Ils/Elles sont …
J'ai trop de.../Je n'ai pas de …
Tu peux m'aider?
Écris-moi vite!
Amitiés, …

ON RÉFLÉCHIT!

Mets les mots dans le bon ordre pour faire des phrases.

1 pourquoi sais pas d'amis n'ai pas je je ne
2 tant j'ai devoirs de comprends ne pas je pourquoi
3 comment je s'appelle pas sais ne elle

J Lecture et culture: La musique

Learning objectives

- You will learn to give your opinion of different types of music
- You will understand texts about two contemporary French singers

ON COMMENCE

Parlez!

Travaille avec un(e) partenaire.
Faites des dialogues au sujet de la musique.
Exemple:

A –Tu aimes quelle sorte de musique?
B – Normalement j' aime la musique de …
A – Pourquoi?
B – Parce que …

Parce que	j'aime les paroles/la mélodie/le rythme
Parce qu'	il est beau elle est belle ils sont beaux elles sont belles il/elle chante/danse bien ils/elles chantent/dansent bien

Parlez!

Voici les résultats d'un sondage sur les qualités d'une bonne chanson. Fais le même type de sondage en classe.

Pour vous, une chanson est bonne lorsque …

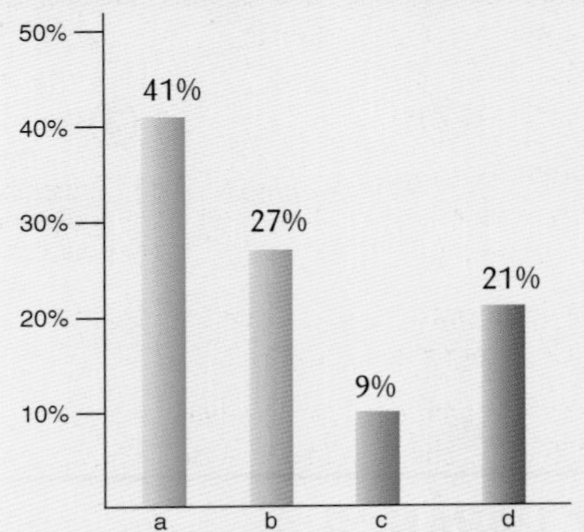

a les paroles sont intéressantes (42)
b la mélodie est jolie (28)
c elle fait danser (10)
d le chanteur/la chanteuse a une jolie voix (22)
Votes: 102

Lisez!

Lis ce texte sur un artiste français et réponds aux questions en anglais.

MC Solaar est le premier artiste français à avoir démocratisé et fait découvrir le rap en France. Il a réussi, avec ses textes intelligents, à faire entrer le rap dans une France un peu sceptique. **Claude M'Barali** est né à Dakar, au Sénégal. MC (maître de cérémonie) Solaar a grandi à Villeneuve-Saint-Georges en banlieue parisienne. Il va à l'université, étudie le droit. Parallèlement, il enregistre, dans un studio improvisé, sa musique. En 1990, c'est la révélation, MC Solaar sort son premier single *Bouge De Là*. Contrairement à ses collègues rappeurs plutôt violents, MC Solaar propose une écriture élaborée, un talent littéraire énorme. Il faut attendre 1991 pour la sortie du premier album. Sa technique d'attaque est le Prose Combat, titre de son deuxième album, sorti en 1994. Un million d'exemplaires sont vendus – un petit chef d'œuvre illustré par des textes contre la violence. Bien décidé à rester sur cette lancée, MC Solaar est rentré aux studios en 2003 pour sortir Mach 6 à la fin de l'année.

propose une écriture élaborée offers a sophisticated style of writing
rester sur cette lancée to keep going in the same way
un exemplaire copy

1 What did MC Solaar introduce to France?
2 How are the words to his songs described?
3 What is MC Solaar's real name?
4 In which large city did he grow up?
5 What did he study at university?
6 What was his first single called and when was it released?
7 How is he different from his fellow rappers?
8 How many copies of his second album were sold?
9 What did the words of the songs speak out against?
10 What is his latest album called?

Lisez!

Lis le texte et écris un résumé en anglais sur la carrière de la chanteuse Céline Dion.

Avec plus de 100 millions d'albums vendus à travers le monde, Céline Dion a eu autant de succès auprès du public francophone qu'anglophone.

Céline est née le 30 mars 1968 dans une petite cité québécoise au Canada: Charlemagne. La plus jeune d'une famille de 14 enfants, elle s'est intéressée dès son plus jeune âge au monde de la musique, encouragée par ses parents et par ses frères et sœurs qui, pour la plupart, jouent d'un instrument.

À douze ans, la future superstar a composé une première chanson avec l'aide de sa mère et d'un de ses frères. Impressionné par sa voix, le manager René Angelil a financé l'enregistrement des deux premiers disques de Céline.

En mai 1988, Céline a participé au concours d'Eurovision en tant que représentante de la Suisse et elle a gagné le trophée.

1994 a marqué un tournant dans la vie privée de l'artiste: elle a épousé René, son manager. En 1996 elle a chanté à la cérémonie d'ouverture des Jeux olympiques d'Atlanta.

Elle a pulvérisé tous ses précédents records dans les 'charts' américains et européens avec *My Heart Will Go On*, la chanson phare du film *Titanic*.

Après 10 ans de présence au sommet, 'Miss Titanic' a décidé de passer plus de temps avec sa famille et avec son premier enfant, René-Charles.

autant de as much **en tant que** as **un tournant** a turning point **la chanson phare** theme song

Écrivez!

Donne ton opinion d'une chanson au Hit-Parade.

J'ai trouvé la chanson de …	super/excellente/formidable/ennuyeuse/affreuse
J'ai aimé/Je n'ai pas aimé	le rythme la mélodie la vitesse les paroles

UNIT 3

ON S'EN VA!

A On parle des vacances

Learning objectives

- You will learn how to say where you normally spend the holidays
- You will learn to report or paraphrase what you hear

ON COMMENCE

Recopie les phrases et écoute les quatre personnes. Qu'est-ce qui n'est pas mentionné? Écris en français.

Exemple: *1. avec ma famille, c'est ennuyeux*

1 Normalement, je vais au Portugal.

2 Je vais aux Pays-Bas.

3 Normalement, je reste en Suisse.

4 Je vais au Maroc.

ON APPREND

1 Écoutez et lisez!

Écoute et lis le texte.

a

HÔTEL

Je reste dans un hôtel.

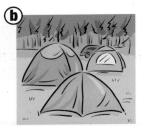

b Je reste dans un camping.

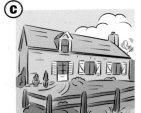

c Je reste dans un gîte.

d

Je reste dans un appartement.

e

Je reste dans une colonie de vacances.

f

Je reste dans une caravane.

g

Je reste chez moi.

h

Je reste chez mes grands-parents.

2 Lisez!

a Lis les textes. Regarde les dessins de l'activité 1 et écris la bonne lettre.

1 Normalement, je reste en France en été. Je passe les vacances au bord de la mer. Je reste dans un hôtel en ville. C'est fantastique!

2

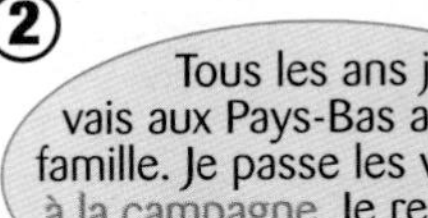
Tous les ans je
vais aux Pays-Bas avec ma
famille. Je passe les vacances
à la campagne. Je reste dans
un gîte. C'est génial!

③

Pendant les vacances je vais au Royaume-Uni, à la montagne en Écosse. Je reste dans une colonie de vacances. Je m'amuse bien!

④

Tous les ans je vais au Sénégal. Je passe les vacances en ville à Dakar. Je reste chez ma tante dans un appartement. C'est amusant.

b Trouve comment on dit en anglais les phrases en vert.

J'AVANCE

Do you remember the three different words for 'in' when saying what country you live in? You use the same words to talk about where you go on holiday. Do you remember *why* the word for 'in' changes?

Je vais **en France**
au Maroc
aux Pays-Bas

If the country is feminine use **en**, if the country is masculine use **au** and if the country is plural use **aux**.

3 Écoutez!

a Écoute ces quatre jeunes qui parlent de leurs vacances. Prends des notes en français.

Exemple: *1. au bord de la mer, en France …*

b Compare tes notes avec les notes de ton/ta partenaire.

4 Parlez!

Travaille avec un(e) partenaire. Regardez les images et posez des questions à tour de rôle.

Où vas-tu en vacances?

Où passes-tu les vacances?

Où restes-tu?

Exemple: *1. Où vas-tu en vacances?* — ***Je vais** en France.*
Où passes-tu les vacances? — ***Je passe les vacances** à la montagne.*
Où restes-tu? — ***Je reste** dans une colonie de vacances.*

ON RÉFLÉCHIT!

Regarde les images de l'activité 4 et écris au sujet des vacances.

B En colonie de vacances

Learning objectives

- You will learn how to explain your choice of a holiday centre
- You will learn how to add emphasis to what you say by changing the word order or by using certain phrases

ON COMMENCE

Écris 1 à 6. Écoute et écris en anglais:

a l'opinion

b l'activité de vacances

Exemple: *1. J'adore faire du surf → **a** loves, **b** surfing*

ON APPREND

1 Lisez!

Quelle colonie de vacances préfères-tu?

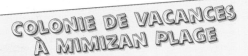

COLONIE DE VACANCES À MIMIZAN PLAGE

Notre colonie de vacances offre aux jeunes de 10 à 15 ans un programme dynamique et une grande variété d'activités nautiques et artistiques.

Faire du bodyboard
Faire du surf
Peindre
Faire du théâtre

Séjour minimum 3 semaines de la fin juin à la mi-août

Hébergement sous la tente

Colonie de Vacances à Villelongue

Activités principales:

- *chanter*
- *jouer de la guitare*
- *faire de la cuisine*
- *faire des tee-shirts*

Pour les jeunes de 5 à 14 ans

Séjours de 7 à 13 jours

Hébergement en dortoir

COLONIE DE VACANCES BON SÉJOUR À BLOIS

Ici vous profitez d'un grand choix d'activités sportives et naturelles et vous avez accès à l'informatique.

Faire de l'équitation
Faire des randonnées VTT
Observer les oiseaux
Observer les étoiles

Créer un site web
Jouer à l'ordinateur

Hébergement en dortoir ou sous la tente
Pour les jeunes de 7 à 16 ans
Accessible aux handicapés
Séjour de 2 à 13 jours du début juillet à la fin d'août

Écoutez!

Écris 1 à 5. Ils ont choisi quelle colonie de vacances? Pourquoi? Écris la bonne lettre.

Exemple: *1. Villelongue – e*

a J'adore la nature.
b Je m'intéresse à l'informatique.
c J'aime les activités artistiques.
d J'adore les sports nautiques.
e J'adore la musique.

J'AVANCE

You can add emphasis to what you say by changing the order in which you say certain things:

À Blois, on peut créer des sites web.

By saying **à Blois** first, the speaker is emphasising that they have chosen the holiday centre in Blois.

J'aime les sports nautiques. C'est pour ça que j'ai choisi la colonie de vacances à Mimizan Plage.

Because the second sentence starts with **c'est pour ça**, you know that their main reason for choosing Mimizan Plage is because they like water sports.

Parlez!

Travaille avec un(e) partenaire. À tour de role, imaginez que vous êtes les personnes de l'activité 2. Quelle colonie de vacances avez-vous choisi? Pourquoi?

Suivez ce modèle pour vous aider:

PLACE

J'ai choisi la colonie de vacances à __________ .

PLACE

ACTIVITIES YOU CAN DO THERE

À ____________, on peut ______________________________________ .

INTEREST

____________ et c'est pour ça que j'ai choisi cette colonie de vacances.

Exemple: *J'ai choisi la colonie de vacances à <u>Villelongue</u>.*
À Villelongue, on peut <u>chanter et jouer de la guitare</u>.
<u>J'adore la musique</u> et c'est pour ça que j'ai choisi cette colonie de vacances.

ON RÉFLÉCHIT!

Et toi? Quelle colonie de vacances as-tu choisi? Donne ton choix et écris pourquoi.

Tu es allé(e) où?

ON COMMENCE

Learning objectives

- You will learn to answer a series of questions about a past holiday
- You will learn to use questions as a source of language for your answer

Écris 1 à 6. Écoute les questions et identifie le mot interrogatif.
Exemple: *1. Comment vas-tu au collège? → Comment*

où **quel** **comment** **qu'est-ce que**

ON APPREND

Écoutez et lisez!

Écoute et lis la conversation.

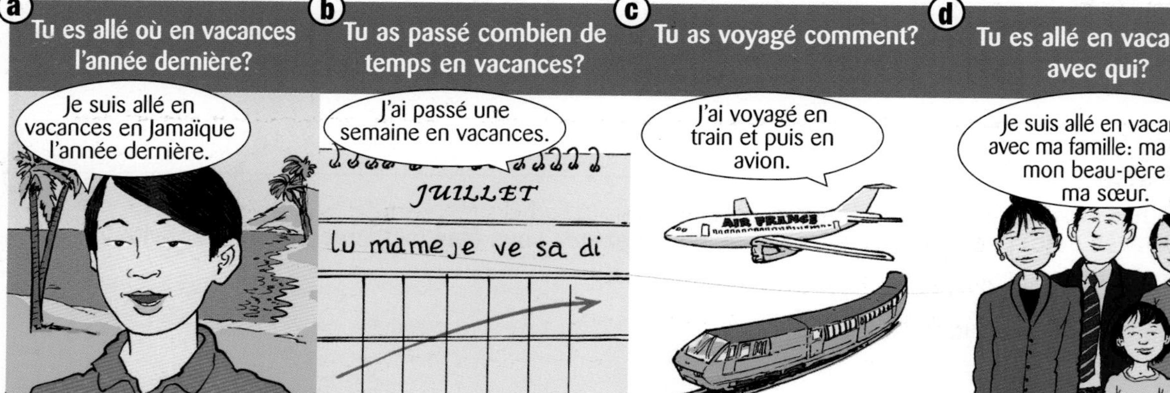

a Tu es allé où en vacances l'année dernière?
Je suis allé en vacances en Jamaïque l'année dernière.
b Tu as passé combien de temps en vacances?
J'ai passé une semaine en vacances.
JUILLET
lu ma me je ve sa di
c Tu as voyagé comment?
J'ai voyagé en train et puis en avion.
AIR FRANCE
d Tu es allé en vacances avec qui?
Je suis allé en vacances avec ma famille: ma mère, mon beau-père et ma sœur.

e Tu es resté où?
Je suis resté dans un hôtel.
f Qu'est-ce que tu as fait?
J'ai joué au volley à la plage et j'ai fait du surf.
g Il faisait quel temps?
Il faisait chaud et il y avait du soleil tous les jours.
h C'était comment?
C'était fantastique!

Parlez!

Travaille avec un(e) partenaire. Lisez la conversation de l'activité 1 à haute voix.

Lisez et écrivez!

Lis cet article. Écris huit questions, une pour chaque réponse.

Exemple: 1. *Tu es allée où en vacances l'année dernière?*

LES VACANCES DE MS DYNAMITE

- *L'année dernière, je suis allée en vacances à la montagne en France.*
- *Je suis restée dans un appartement.*
- *Je suis allée en vacances avec mon fils et mon copain.*
- *J'ai voyagé en avion de Londres à Perpignan. Puis j'ai pris le train pour aller à Font Remeu.*
- *J'ai passé deux semaines en vacances.*
- *Il faisait froid mais il y avait du soleil aussi. Il neigeait un peu aussi.*
- *J'ai fait du ski. J'aime bien ça. J'ai aussi fait du snowboard pour la première fois.*
- *C'était amusant et très relaxant. Je me suis très bien amusée!*

J'AVANCE

When answering questions, you can use the question to help you form your answer. Look at this example from activity 1:

Tu es allé où en vacances l'année dernière?
Je suis allé en vacances en Jamaïque l'année dernière.

Où is the question word: in the answer this needs to be replaced by the answer, here **en Jamaïque**.

Tu es allé is in the perfect tense. This shows you that you need to use the perfect tense in your answer too. Because **tu** was used in the question, you need to change the verb to the **je** form in your answer.

You can use both **en vacances** and **l'année dernière** in your own answer to make it more complete.

Lisez!

Recopie les huit questions de l'activité 1.
Pour chaque question, <u>souligne</u> les choses suivantes de couleurs différentes:

- **a** question words
- **b** verb forms you'll have to change in your answer
- **c** anything you can keep in your answer

Exemple:

Tu es allé (b) *où* (a) *en vacances l'année dernière?* (c)

ON RÉFLÉCHIT!

Imagine que tu as passé des vacances extraordinaires l'année dernière! Écris des réponses aux questions de l'activité 1.

D Qu'est-ce que tu as fait?

Learning objectives

- You will learn to talk about holiday activities
- You will learn to compare what you normally do in the holidays with a different holiday, using the present and perfect tenses

ON COMMENCE

Travaille avec un(e) partenaire. La personne A lit la phrase. La personne B dit si le verbe est au présent ou au passé.

a Je suis allée en Tunisie.
b Je fais du surf.
c Nous faisons des randonnées en VTT.
d Nous sommes allés à la plage.
e Je vais en France.
f J'ai visité Paris.

ON APPREND

1 Écoutez et lisez!

Écoute Anthony qui parle de ses vacances. Mets les images en ordre.

a J'ai visité un musée.

b Nous avons visité des monuments historiques.

c J'ai pris des photos.

d Nous avons fait une excursion.

e J'ai fait du surf.

f Nous avons fait des randonnées en VTT.

g J'ai nagé.

h Nous avons joué au volley.

i Je suis allé au cinéma.

j Nous sommes allés à la plage.

2 Parlez!

Travaille avec un(e) partenaire. Montre tes photos de vacances à ton/ta partenaire à tour de rôle.

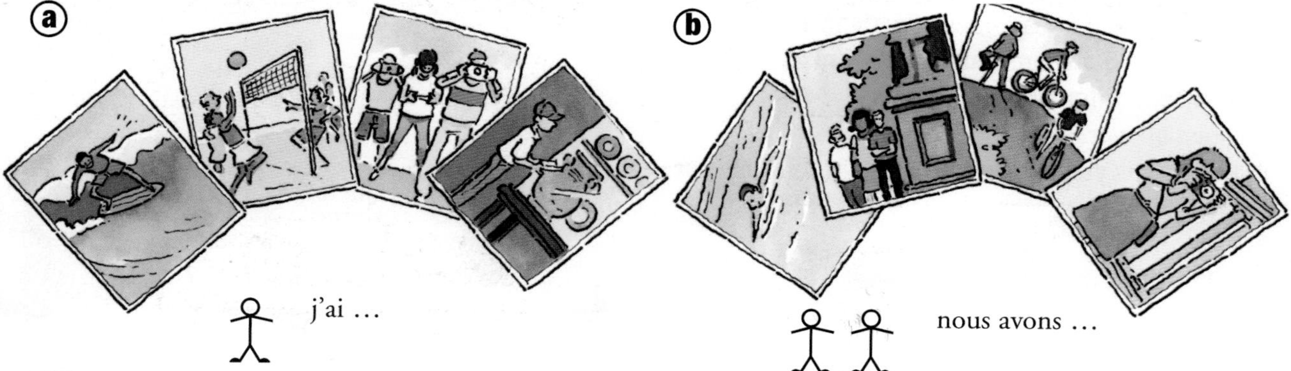

J'AVANCE

In activity 1, Anthony said:

Normalement, je vais en vacances en France, mais l'année dernière, je suis allé en Espagne.

This sentence compares what he normally does with what he did at a different time. It uses both the present and perfect tenses in the same sentence.

He also used time markers to emphasise the different events: **normalement** and **l'année dernière**.

Now look at these time markers. Would they be used to say what you normally do, or what you did on one occasion in the past?

il y a cinq ans **tous les ans** **il y a deux ans**
l'été dernier **normalement** **l'année dernière**

3 Lisez!

Recopie la grille. Lis le texte et identifie des détails.

Des vacances normales	Des vacances différentes
en France	*au Maroc*

Tous les ans je vais en vacances en France avec ma famille. Nous allons chez ma grand-mère à la campagne. Cependant, l'été dernier je suis allée au Maroc avec mon copain Walid. Normalement je reste dans un camping mais cet été je suis restée dans un hôtel. C'était génial! Normalement je visite des musées et des monuments historiques, mais Walid et moi, nous avons nagé à la plage et nous avons fait des randonnées en VTT. Je me suis bien amusée!

ON RÉFLÉCHIT!

Travaille avec un(e) partenaire. Que dites-vous?

Exemple: *Normalement, je vais en Suisse, mais l'année dernière je suis allé au Québec.*

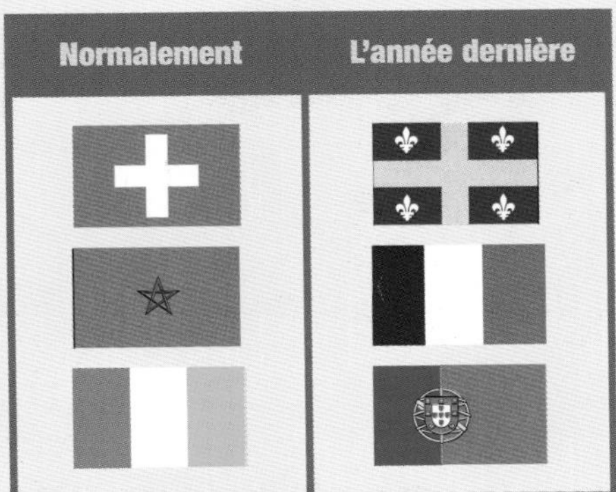

Exemple: *Tous les ans, je fais du surf mais il y a trois ans j'ai joué au volley.*

Tous les ans	Il y a trois ans

E C'est le plus cool!

Learning objectives

- You will learn how to say which methods of transport you prefer
- You will learn how to say 'the most' or 'the least'

ON COMMENCE

Contre la montre! Fais une liste des moyens de transport!

ON APPREND

1 Lisez et écoutez!

Quels moyens de transport préfèrent-ils? Pourquoi? Écris en anglais.
Exemple: *1. plane – faster and more comfortable*

① Je préfère voyager en avion parce que c'est plus rapide et plus confortable.

② Je préfère voyager en train parce que c'est plus pratique et moins fatigant. En plus, le train est plus confortable que la voiture.

③ Je préfère voyager en hélicoptère parce que c'est plus amusant et plus cool!

④ Je préfère voyager en bateau parce que c'est moins ennuyeux que le train.

⑤ Je préfère voyager à vélo parce que c'est plus écolo et moins cher que la voiture.

2 Parlez!

Travaille avec un(e) partenaire. Choisissez quatre moyens de transport et dites pourquoi vous les préférez.
Exemple: *Je préfère voyager en autobus parce que c'est plus rapide et moins cher.*

3 Lisez!

Lis le texte de la page 51.

a **Il y a combien de moyens de traverser la Manche?**

b **Quels sont les avantages et les inconvénients de chaque moyen de transport? Rèponds en anglais.**

TRAVERSER LA MANCHE AU 21e SIÈCLE

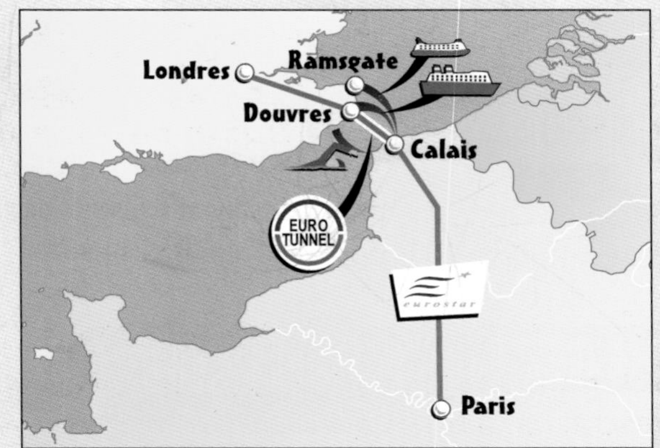

À 30 minutes, l'Eurotunnel est sans doute le moyen le plus rapide pour traverser la Manche, mais c'est peut-être le moyen le plus ennuyeux parce qu'on doit rester dans sa voiture.

Beaucoup de personnes continuent à traverser la Manche en ferry. Avec ses magasins et ses restaurants, c'est le moyen le moins ennuyeux et ce n'est pas cher. Cependant, quand il fait très mauvais, c'est le moyen le moins confortable.

On peut aussi traverser la Manche en Eurostar. C'est le moyen le plus pratique si on va à Paris, mais c'est aussi le moyen le plus long.

Traverser la Manche en hovercraft, c'est le moyen le plus amusant, mais c'est aussi le moyen le moins sûr: s'il y a trop de vent, l'hovercraft ne part pas toujours.

Finalement, on peut toujours nager: c'est le moyen le plus écolo mais c'est aussi le moyen le plus froid, le plus fatigant et le plus dangereux!

J'AVANCE

You have already learnt how to compare things:

Le train est plus confortable que la voiture. The train is more comfortable than the car.
Le vélo est moins cher que l'avion. The bike is less expensive than the plane.

If you want to say something is 'the most …' or 'the least …', you use the *superlative* (**le superlatif**):
Le train est le moyen de transport le plus confortable. The train is the most comfortable method of transport.
Le vélo est le moyen de transport le moins cher. The bike is the least expensive method of transport.

Watch out! In French you always say the noun you are describing first:

L'Eurotunnel est le moyen de transport le plus rapide. The Eurotunnel is the fastest method of transport.

4 Lisez!

Il y a combien d'exemples du superlatif dans le texte de l'activité 3?
On les dit comment en anglais?

Exemple: *le plus rapide = the fastest*

ON RÉFLÉCHIT!

Choisis quatre moyens de transport. Écris une phrase pour chaque moyen de transport en utilisant le superlatif.

Exemple: *1. la voiture – C'est le moyen de transport le plus pratique.*

C'est le moyen de transport	le plus le moins	rapide confortable pratique écolo cool	amusant ennuyeux cher fatigant

La France: infos touristiques

Learning objectives

- You will learn some facts about France
- You will continue to learn how to use the superlative

ON COMMENCE

Contre la montre! Comment dit-on en français ces huit adjectifs? Cherche-les dans un dictionnaire!

tall big old expensive
fast long rare famous

ON APPREND

1 Lisez et écoutez!

Lis et écoute la guide qui parle au sujet des monuments de Paris. Relie les textes et les photos.

Exemple: *1. d*

a

la place de la Concorde

b

la pyramide du Louvre

c

la tour Montparnasse

d

la tour Eiffel

e

les égouts souterrains

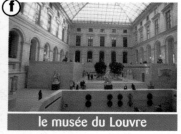

f
le musée du Louvre

le toit = roof

1 C'est le monument le plus célèbre de Paris.
2 C'est le musée le plus grand de Paris.
3 C'est la place la plus grande de Paris.
4 C'est la tour la plus haute de Paris.
5 C'est le toit le plus cher du monde.
6 Ce sont les égouts les plus célèbres de France.

2 Parlez!

Travaille avec un(e) partenaire. Choisissez un monument à visiter. Dites pourquoi vous voulez le visiter.

Exemple: *Je voudrais visiter la tour Eiffel parce que c'est le monument le plus célèbre de Paris.*

J'AVANCE

In the last lesson you met the superlative in the masculine form. You can easily use it with nouns of other types:

masculine	**le musée le plus grand**
feminine	**la tour la plus haute**
plural	**les égouts les plus célèbres**

Always remember to make the adjective agree with the noun!

Écrivez!

Lis et remplis les blancs avec le superlatif.

Exemple: *Le pont de Normandie est très long.*
C'est le pont le plus long de France.

1 Le pont de Normandie est très long. C'est le pont _____ de France.

2 Voici le Mont-Blanc. C'est la montagne _____ d'Europe. (haut)

3 Le TGV (train à grande vitesse) est très rapide. C'est le train _____ de France.

4 La mosquée de Paris est très vieille. C'est la mosquée _____ de France.

5 À Arcachon, il y a des dunes de sable très hautes. Ce sont les dunes de sable _____ d'Europe.

6 Le stade de France est très grand. C'est le stade _____ de France.

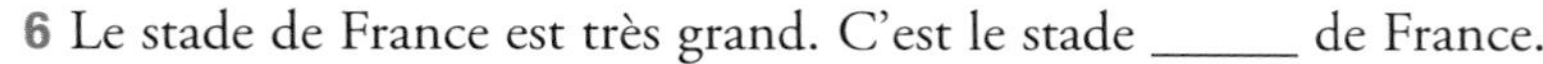

ON RÉFLÉCHIT!

Travaille avec un(e) partenaire. La personne A lit le texte. La personne B décide de quoi on parle.

1. C'est le château le plus célèbre de France.
2. Ce sont les dessins préhistoriques les plus vieux de France.
3. C'est l'animal le plus rare de France.
4. C'est le fleuve le plus long de France.

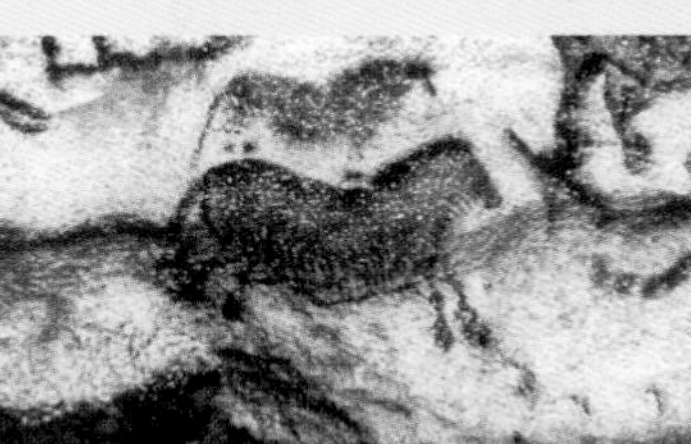

les dessins préhistoriques des grottes de Lascaux

le château de Chambord

la Loire

l'ours brun des Pyrénées

Je partirai en vacances!

Learning objectives

- You will learn to talk about your future holiday plans
- You will learn to use the future tense

ON COMMENCE

Travaille avec un(e) partenaire. Imaginez que vous allez à Paris. Qu'est-ce que vous allez visiter? Pourquoi?

Exemple: *Je vais visiter les égouts souterrains parce que ce sont les égouts les plus célèbres de France.*

ON APPREND

1 Écoutez!

Écoute Ariane qui parle des ses projets de vacances. Choisis les bons dessins.

Exemple: *a, …*

a 

J'irai au bord de la mer.

b 

J'irai à la montagne.

c 

Je voyagerai en avion.

d 

Je voyagerai en bateau.

e 

Je resterai dans un hôtel.

f 

Je resterai sous une tente.

g 

Je ferai du canoë.

h 

Je ferai du surf.

J'AVANCE

You have already learnt how to say what you are 'going to do' in the future by using the correct part of **aller** and the infinitive of the action you are going to do:

Je vais faire mes devoirs.
Nous allons regarder la télé.

There is another way to say what you 'will do' in the future, using the future tense. You simply take the infinitive and add the correct ending:

je resterai	I will stay	**nous resterons**	we will stay
tu resteras	you will stay	**vous resterez**	you will stay
il/elle/on restera	he/she/we/will stay	**ils/elles resteront**	they will stay

Some verbs are irregular and form the future tense slightly differently:

aller → **j'irai**
faire → **je ferai**

Parlez!

Travaille avec un(e) partenaire. Regardez les dessins et parlez de vos projets de vacances à tour de rôle. Suivez l'exemple.

Exemple:

***J'irai** à la montagne.*

***Je voyagerai** en voiture.*

***Je resterai** sous une tente.*

***Je ferai** de l'équitation.*

Écrivez!

Imagine que tu iras en colonie de vacances. Écris ce que tu feras.

Exemple: ***J'irai** à la colonie de vacances 'Bon Séjour'.*
***Je voyagerai** ...*

COLONIE DE VACANCES BON SÉJOUR

Transport:	train
Hébergement:	sous une tente
Activités possibles:	faire de l'équitation
	faire des randonnées en VTT
	faire du surf
	faire du bodyboard

ON RÉFLÉCHIT!

Imagine que tu as gagné 15 jours de vacances avec un copain/une copine! Où irez-vous? Comment voyagerez-vous? Que ferez-vous comme activités? Écris au sujet de vos projets.

Exemple: ***Nous irons** en France, au bord de la mer ...*

Mais s'il fait froid?

Learning objectives

- You will learn to talk about possible changes to future plans
- You will learn to understand and build extended sentences

ON COMMENCE

Travaille avec un(e) partenaire. À tour de rôle, dites quel temps il fait.

ON APPREND

Écoutez et lisez!

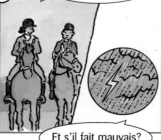

2 Parlez!

Travaille avec un(e) partenaire. Lisez le texte de l'activité 1 à haute voix.

J'AVANCE

When talking about what you will do in the future, you may also have to plan for things which *might* happen:

S'il fait chaud, nous irons à la plage.
If it's hot, we will go to the beach.

Use the following structure:

Si	+ present tense	+	future tense
If	(the possibility)		(the future action)
Si	**la voiture tombe en panne,**		**nous ferons du shopping.**
S'	**il fait froid,**		**nous irons au parc d'attractions.**

3 Lisez et écrivez!

Pour chaque possibilité, choisis une activité et écris des phrases.

Exemple: *S'il neige, nous ferons du snowboard.*

S'il neige,	j'irai à la plage.
S'il fait chaud,	nous irons au cinéma.
S'il fait mauvais,	je ferai du surf.
Si la voiture tombe en panne,	nous ferons du snowboard.
Si le parc est fermé,	je jouerai au foot.
Si les magasins sont fermés,	nous regarderons la télé.

ON RÉFLÉCHIT!

Travaille avec un(e) partenaire. Jouez au morpion.
Pour chaque possibilité, choisissez une activité.

Exemple: *S'il fait chaud, j'irai à la plage.*

Venez à la Martinique!

Learning objectives

- You will find out about Guadeloupe and Martinique
- You will learn to adapt a text for a different audience and purpose

ON COMMENCE

Cherche l'intrus et donne une raison: a, b ou c?

a **Ce n'est pas un verbe au passé.**
b **Ce n'est pas un adjectif.**
c **Ce n'est pas un verbe à l'infinitif.**

1	je suis allé	je voyagerai	j'ai joué
2	visiter	nager	allé
3	rapide	dangereux	voyager
4	nous resterons	nous avons fait	nous sommes allés
5	faire	passer	confortable

ON APPREND

Lisez!

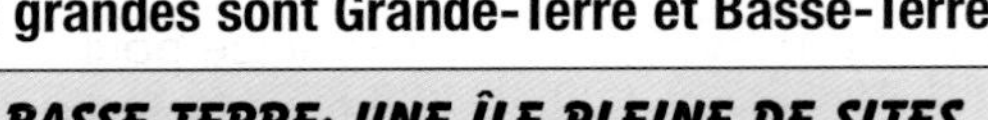

La Guadeloupe est faite de plusieurs îles, dont les plus grandes sont Grande-Terre et Basse-Terre.

GRANDE-TERRE: UNE BELLE ÎLE, CÉLÈBRE POUR SES PLAGES MAGNIFIQUES!

On peut …

Aller à la plage et nager dans la mer.

Faire du surf.

Faire du ski nautique.

Jouer au tennis.

Passer une journée à Pointe-à- Pitre.

Aller au musée Schoelcher.

Aller au marché.

Visiter la cathédrale de St-Pierre et St-Paul.

BASSE-TERRE: UNE ÎLE PLEINE DE SITES NATURELS INCROYABLES

On peut …

Visiter la forêt tropicale.

Aller au parc zoologique et botanique.

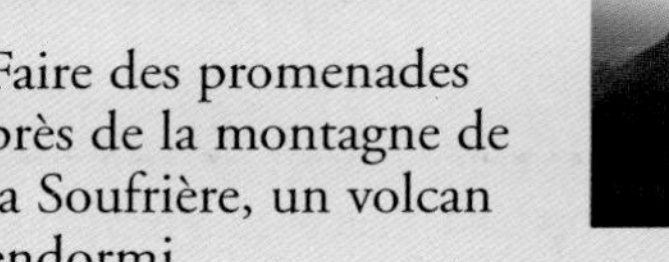

Faire des promenades près de la montagne de la Soufrière, un volcan endormi.

Visiter le musée du Rhum.

Aller à la plage.

Passer une journée dans la capitale, Basse-Terre.

Aller au marché.

Visiter des églises.

Lisez!

Trouve comment on dit en français les phrases suivantes:

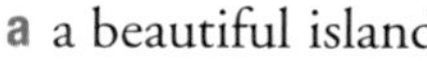

a a beautiful island
b swim in the sea
c spend a day at Pointe-à-Pitre
d incredible natural sites
e visit the rain forest
f a dormant volcano

Écoutez!

Écris 1 à 4. Où sont-ils allés: à Grande-Terre ou à Basse-Terre?

Lisez!

Gabriel a visité la Martinique. Lis la description de ses vacances. Écris une liste en anglais des activités qu'il a fait à la Martinique.

Il y a deux ans, je suis allé à la Martinique pour une semaine. C'était vraiment fantastique! À la Martinique, il y a beaucoup de plages magnifiques. Je suis allé à la plage tous les jours où j'ai nagé dans la mer et j'ai fait du surf. J'adore le sport, alors j'ai joué au tennis. Un jour j'ai visité la forêt tropicale et j'ai aussi fait des promenades près de la montagne Pelée qui est un volcan! J'ai passé une journée à Fort-de-France, la capitale de la Martinique, où je suis allé au marché. En plus, j'ai visité le musée de Paul Gauguin. C'était très intéressant!

J'AVANCE

Because Gabriel went to Martinique two years ago, he has written his account using the past tense. Use the text to help you create a tourist brochure for Martinique.

D'abord, écris une liste des activités avec des verbes à l'infinitif.

Exemple: *je suis allé à la plage → aller à la plage*

Ensuite, crée un dépliant pour des touristes au sujet de la Martinique. Utilise le dépliant au sujet de la Guadeloupe de la page 58 pour t'aider!

ON RÉFLÉCHIT!

Invente une publicité pour la radio au sujet de la Martinique.

J Lecture et culture: Une visite au musée de l'art

Learning objectives

- You will learn about four artistic movements
- You will look at the work of some francophone artists.

Lisez!

L'impressionisme

Un journaliste a employé le mot 'impressionnisme', à propos d'un tableau de Claude Monet. Ce journaliste pensait que la peinture devait représenter la réalité et non pas s'intéresser aux impressions.

Au début, le public n'aimait pas cette nouvelle façon de peindre. Le public pensait que les tableaux n'étaient pas finis et que les couleurs étaient trop vives et trop claires. Ce style était révolutionnaire. Les impressionnistes voulaient peindre des impressions et non pas faire des photos.

Le pointillisme

En 1886, les artistes ont commencé à peindre par petites touches de couleurs. Ils s'intéressaient aux mêmes sujets que les impressionnistes comme les paysages, les loisirs, et les spectacles et ils travaillaient aussi sur la couleur et la lumière.

Quand on regarde un tableau pointilliste, on voit les points bleus et jaunes. Mais si on s'éloigne, on voit du vert. C'est la magie des couleurs!

L'art abstrait a commencé au début du vingtième siècle. Ce mouvement ne s'intéresse pas à la réalité. Ces artistes ne veulent pas imiter ce qu'ils observent. Les arbres, les maisons, les personnages – non merci! Aujourd'hui, cet important mouvement est toujours actif.

L'ART CONTEMPORAIN

L'art contemporain existe depuis 1960. L'art contemporain pose des questions sur notre monde. Ces artistes nous présentent des œuvres originales.

Les artistes contemporains utilisent une grande variété de techniques et de matériaux: la photographie, la vidéo, le dessin, la peinture … L'art contemporain, c'est beau, drôle ou bizarre mais c'est souvent choquant.

2 Lisez!

Travaille avec un(e) partenaire. Lisez ces quatre phrases. On parle de quel mouvement artistique?

a The painters wanted to paint an impression of what they saw rather than a photographic image.
b The artists produce works which are sometimes strange and shocking.
c The painters produced pictures made up of little dots.
d The artists no longer wanted to produce works which resembled things.

3 Lisez!

Travaille avec un(e) partenaire. Ces tableaux appartiennent à quel mouvement artistique?

Berthe Morisot

Paul Signac

Jean Dubuffet

Daniel Buren

4 Lisez!

Trouve ces phrases en français dans les quatre textes:

L'impressionnisme
a The public thought that the pictures weren't finished.
b This style was revolutionary.

Le pointillisme
c They were interested in the same subjects as the impressionists.
d When you look at the picture, you see blue and yellow dots

L'art abstrait
e This movement isn't interested in reality.
f Today, this important movement is still active.

L'art contemporain
g Contemporary artists use a wide variety of techniques.
h It's often shocking.

5 Parlez!

Travaille avec un(e) partenaire. Donnez vos opinions sur les quatre mouvements artistiques.

J'aime Je n'aime pas Je préfère	l'impressionnisme le pointillisme l'art abstrait l'art contemporain	parce que	c'est ce n'est pas	beau. bizarre. amusant. choquant. joli.

UNIT 4

À MA FAÇON

A Ma vie en ville

Learning objectives

- You will learn how to talk about living in a town
- You will practise giving opinions

ON COMMENCE

Fais une liste (1 à 12) et choisis ce que tu aimes en ville le plus (numéro 1) et ce que tu aimes le moins (numéro 12).

le stade

le parc

le bowling

le cinéma

l'église

le marché

la patinoire

le palais

les monuments

les magasins

les cafés

les restos

ON APPREND

1 Écoutez!

Écris 1 à 6. Écoute et choisis la bonne ville pour chaque personne.
Exemple: *1. f*

(a)

(b)

(c)

(d)

(e)

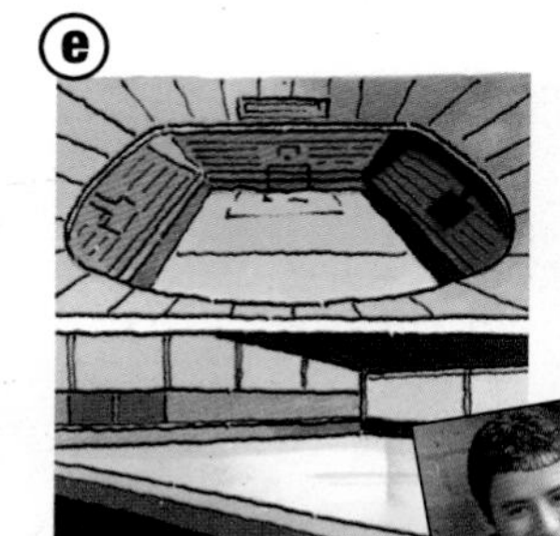

(f)

2 Lisez!

Lis cet article sur Bordeaux.

BORDEAUX VOUS ACCUEILLE ...

Le Grand Théâtre

Bordeaux, c'est une ville où il y a beaucoup de distractions, beaucoup de choses à voir et à visiter. On peut aller dans les bars, les cafés et les restaurants, mais il y a aussi de grands monuments – le Grand Théâtre, la Place de la Bourse, le musée des Douanes et le musée d'Aquitaine.

Pour ceux qui aiment la culture, le musée d'Art contemporain offre des expositions intéressantes tandis que le centre Jean Vigo vous propose des films pour tous les goûts.

Si vous voulez prendre l'air – promenez-vous le long de la Garonne sur les quais récemment rénovés ou reposez-vous dans le jardin botanique.

Vous trouverez tous les magasins de votre choix au centre-ville et après avoir fait vos achats, partez au parc d'attractions sur l'Esplanade des Quinconces.

Amusez-vous bien! Bordeaux attend votre visite!

Trouve comment on dit en français:
Exemple: *1. C'est une ville où il y a beaucoup de distractions.*

1 It's a town where there's lots to do.
2 You can go to bars.
3 but there are also
4 great monuments
5 contemporary
6 interesting exhibitions
7 films for all tastes
8 If you want to …
9 relax in the botanical gardens
10 you will find
11 shops
12 Have a good time!

3 Parlez!

Travaille avec un(e) partenaire. Regardez les réponses pour l'activité 1. Faites des dialogues suivant ces modèles.

a
Qu'est-ce qu'il y a à voir à … ?
Il y a …
b
… , c'est comment?
C'est super, on peut …

C'est Je trouve …	extra/génial/super/cool/ intéressant/superbe

ON RÉFLÉCHIT!

Choisis une ville et écris une description en suivant l'exemple.

J'habite à Paris. C'est génial. Il y a des musées, des cinémas et des parcs. On peut aller dans les cafés ou faire les magasins – vivre à Paris, c'est super!

B Ma vie à la campagne

Learning objectives

- You will learn to talk about life in the country
- You will practise using different negatives

ON COMMENCE

Écris les mots dans le bon ordre et traduis les phrases en anglais. Écoute pour vérifier.
Exemple: *1. Je ne comprends rien. I don't understand anything.*

1 ne je rien comprends
2 pour elle aider ne à fait la rien maison
3 ne je suis intelligent pas
4 ne elle pas tennis joue au
5 ne parents mes parle jamais à je
6 place traversez ne pas la

ON APPREND

1 Écoutez!

Écris 1 à 14. Lis les phrases, puis écoute et mets les phrases dans l'ordre.
Exemple: *1. j*

(a) Il n'y a rien à faire.
(b) C'est nul.
(c) C'est calme.
(d) Moi, je trouve ça hyperennuyeux.
(e) C'est joli.
(f) C'est agréable.
(g) Je n'en peux plus.
(h) Il n'y a personne dans la rue.
(i) Il n'y a rien à visiter.
(j) J'habite à la campagne.
(k) Ouf, c'est barbant!
(l) On ne voit jamais personne.
(m) Il n'y a pas de magasins.
(n) Il n'y a rien à voir.

J'AVANCE

You have already met the **ne … pas** 'sandwich' and various other flavours!

ne … jamais	never
ne … rien	nothing

And you know that these negative expressions wrap around the verb just like **ne … pas**.

There are two new ones on this page:

ne … personne	nobody
ne … plus	no longer/no more

Il n'y a personne dans la rue. There's nobody in the street.
Je n'en peux plus. I can't cope any longer.

 Parlez! 

Travaille avec un(e) partenaire. Regardez les expressions dans l'activité 1. La personne A dit l'anglais. La personne B trouve l'expression sur la page et la lit à haute voix.

 Lisez! 

Lis ce passage et les phrases en bas. Vrai (V) ou faux (F)?
Exemple: *1. F*

Salut, je m'appelle Bénédicte. J'habite à Sainte-Ouenne, un petit village dans la campagne à côté de Champdeniers Saint-Denis. J'adore habiter ici – c'est calme et c'est joli. Moi, j'aime ça. C'est vrai qu'il n'y a pas de magasins, mais ça m'est égal. C'est très agréable.

Je ne suis jamais stressée. J'aime beaucoup la tranquillité. J'aime la forêt et les fleurs, toute cette verdure autour de moi. Je ne voudrais pas vivre en ville – je n'y vais jamais! J'aime beaucoup ma vie à la campagne.

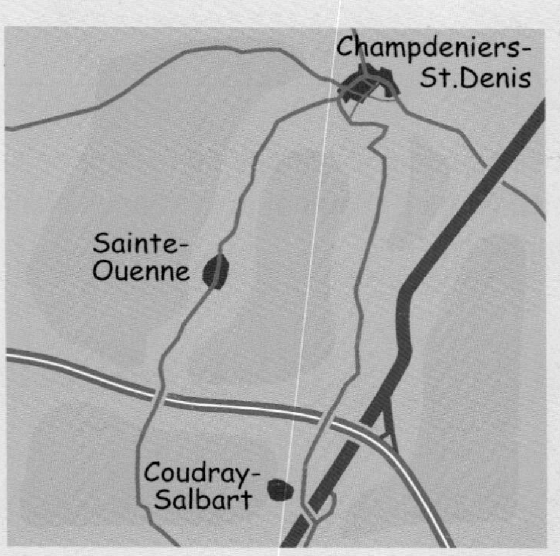

1 Bénédicte habite en ville.
2 Bénédicte aime beaucoup vivre à Sainte-Ouenne.
3 Elle trouve que c'est calme.
4 Il y a plein de magasins.
5 Il y a beaucoup de stress dans sa vie.
6 Elle veut rester à la campagne.

ON RÉFLÉCHIT!

Traduis ces phrases en français.
Exemple: *1. Il n'y a rien à visiter.*

1 There is nothing to visit.
2 There is nobody in the street.
3 There is nothing to see.
4 There is nothing to do.
5 There are no shops.
6 I can't cope any longer.

Ville ou campagne?

Learning objectives

- You will learn how to discuss the advantages and disadvantages of living in the town or country
- You will learn how to use authentic texts to increase your vocabulary

ON COMMENCE

Contre la montre! Travaille avec un(e) partenaire. Cherchez ces mots dans un dictionnaire ou dans le vocabulaire (voir pages 00–00). Mettez-les dans la bonne colonne et écrivez l'anglais.

Nom		Adjectif	
santé (f)	*health*	sain(e)	*healthy*

sain, bruit, stress, sale, bruyant, pollution, tranquille, tranquillité, santé, pollué, saleté, stressé

ON APPREND

Écoutez!

Écoute Fabienne et Géraud qui parlent de la vie en ville et à la campagne. Qui pense quoi? Écris F (Fabienne) ou G (Géraud) pour chaque opinion.

Exemple: *1. G*

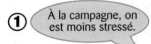

① 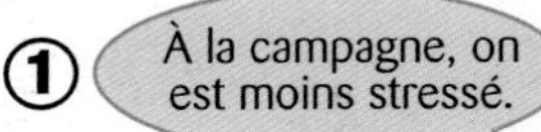
À la campagne, on est moins stressé.

② 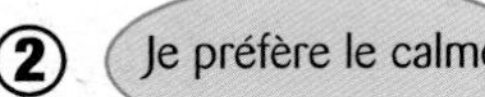
Je préfère le calme.

③ 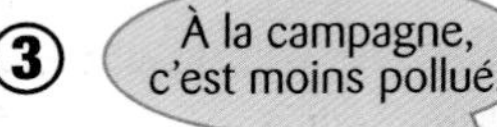
À la campagne, c'est moins pollué.

④ 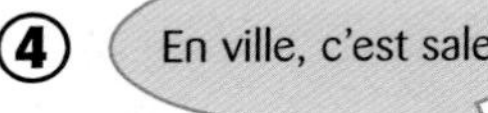
En ville, c'est sale.

⑤ 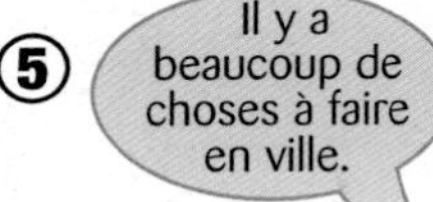
Il y a beaucoup de choses à faire en ville.

⑥ 
Peut-être, mais c'est plus animé en ville.

⑦ 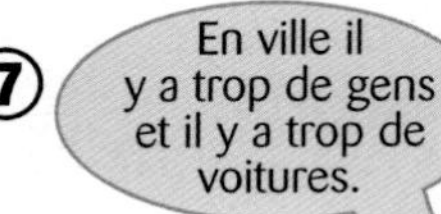
En ville il y a trop de gens et il y a trop de voitures.

⑧ 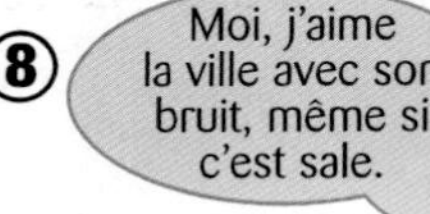
Moi, j'aime la ville avec son bruit, même si c'est sale.

⑨ 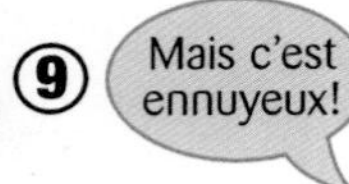
Mais c'est ennuyeux!

2 Parlez!

Qu'en penses-tu? Travaille avec un(e) partenaire. Regardez les phrases dans l'activité 1. C'est un point positif ou négatif pour vous?

Exemple: *1. (À la campagne, on est moins stressé.) C'est un point négatif. J'aime le stress!*

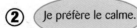

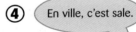

Lisez!

a Travaille avec un(e) partenaire. Lisez les textes à la page 67. Recopiez et complétez la grille.

Attractions	Adjectifs	Mots qui ressemblent à l'anglais
bars		

b Trouve comment on dit en français:

1 region **2** ocean **3** plains **4** valleys **5** sea

LA ROCHELLE

Ville à l'ambiance chaleureuse et conviviale, ville étudiante, La Rochelle offre beaucoup de choses à faire la nuit et possède de nombreux bars intéressants. Pour tout savoir des concerts, spectacles et autres manifestations, cherchez les mensuels gratuits – *Sortir à tout moment* et *Tenue de soirée.*

Sur le Vieux Port, vous trouverez l'Aquarium – visite absolument passionnante – quelle installation! On y trouve l'Atlantique, la Méditerranée et les fonds tropicaux. Original: l'aquarium aux requins à côté des grosses tortues.

Il y a aussi le musée du Nouveau Monde. Le musée est intéressant. Il s'organise autour de trois grands thèmes: le commerce avec le Nouveau Monde, la vie quotidienne d'une famille d'armateurs rochelais, et l'esclavage.

En juillet, il y a le festival international du film de La Rochelle. Loin du stress et des stars de Cannes, c'est un festival organisé par des amoureux du cinéma pour des amoureux du cinéma.

armateurs rochelais shipowners from La Rochelle

esclavage slavery

LA SAINTONGE

La Saintonge, bordée au nord par l'Aunis, est une ancienne et vaste région qui déborde à l'est sur le département de la Charente et descend jusqu'aux Landes. À l'ouest, l'océan est la limite. Ce pays se décompose en deux régions – la Saintonge des terres, plaines et vallons agricoles et leurs églises caractéristiques. Ensuite, la Saintonge côté mer, les parcs à huitres de la Seudre, les mimosas de l'Île d'Oléron …

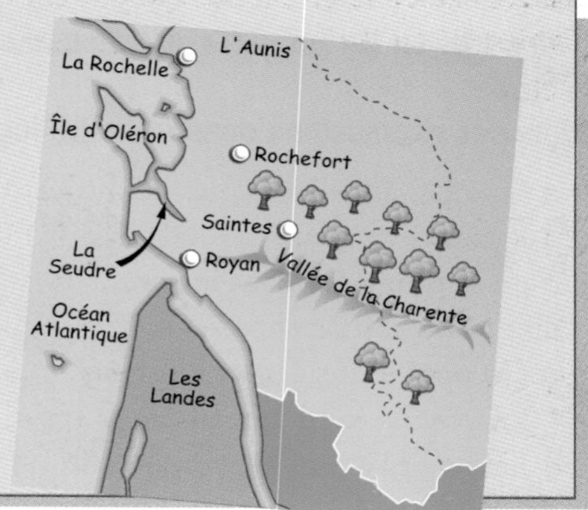

J'AVANCE

You will have been able to pick out words in these two authentic texts that you did not already know. Every time you meet a new word, note it down in your vocabulary book. Don't be put off by authentic texts – treat them as a puzzle and a way to enrich your French. Break them down first, as you have done here, by looking for cognates and for different categories of words before you tackle the meaning.

ON RÉFLÉCHIT!

Travaille avec un(e) partenaire. Faites un dialogue sur la vie en ville ou à la campagne. Commencez par la phrase suivante:

> Moi, j'aime/je n'aime pas habiter en ville …

Voici des phrases pour vous aider:

Je suis d'accord.
Je ne suis pas d'accord.
Je crois que …
Je pense que …
À mon avis, …

D Ville ou campagne – on écrit!

Learning objectives

- You will prepare a written text on life in town or in the country
- You will revise how to check your written work

ON COMMENCE

Travaille avec un(e) partenaire. Jouez au morpion!
Exemple: *On peut aller au parc.*

ON APPREND

1 Lisez et ecoutez!

Mets ces expressions dans un ordre logique. Commence par la phrase en rouge. Écoute pour vérifier.

1 a En ville, il y a beaucoup de distractions
b je trouve ça génial.
c ou se promener dans le parc.
d et beaucoup de choses à voir.
e On peut visiter les monuments
f En général, c'est très animé.
g J'aime beaucoup habiter en ville,

2 a Moi, j'habite à la campagne
b Il y a moins de voitures
c et j'adore ça.
d et c'est joli.
e J'aime beaucoup la tranquillité.
f C'est calme
g et pas autant de stress.
h On peut faire du vélo ou se promener.

3 a En ville, il y a trop de voitures et donc beaucoup de pollution.
b Tout le monde est stressé et il y a beaucoup de bruit.
c Vivre en ville,
d J'ai horreur de ça.
e ce n'est pas bon pour la santé.

4 a À la campagne, c'est ennuyeux.
b C'est trop calme.
c Il n'y a rien à faire.
d Moi, je préfère l'animation et le bruit d'une grande ville.
e Il n'y a personne.

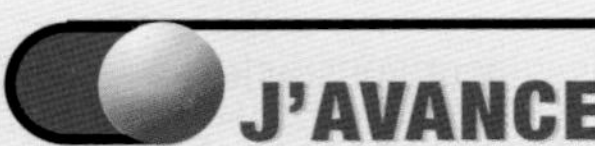

J'AVANCE 1

When checking your work, remember to ask yourself the following questions:
– Have I written the correct number of words?
– Have I included all the information required?
– Have I checked: accents, spellings, adjective agreements, verb forms?

Écrivez!

Écris un paragraphe sur la vie en ville ou à la campagne. (Le modèle va t'aider.)

J'AVANCE 2

Try to express an opinion in your paragraph. Make a list of opinion-giving phrases before you start. Use connectives too, and phrases like:

en plus what's more
en général in general
car because
puisque since
vraiment really

POUR LA CAMPAGNE

C'est calme.
C'est joli.
C'est agréable.
Il y a beaucoup de verdure.

POUR LA VILLE

C'est animé.
Il y a beaucoup de choses à faire.
Il y a beaucoup de choses à voir.
Il y a beaucoup de distractions.

CONTRE LA CAMPAGNE

C'est ennuyeux.
Il n'y a pas de magasins.
Il n'y a rien à voir.
Il n'y a rien à visiter.
On ne voit jamais personne.

CONTRE LA VILLE

C'est surpeuplé.
Il y a trop de voitures.
Il y a beaucoup de bruit.
Il y a beaucoup de pollution.
On est stressé.

ON RÉFLÉCHIT!

Travaille avec un(e) partenaire. Faites ce jeu de rôles.

A – Ask if your partner lives in the town or in the country.
B – Say you live in town.
A – Ask your partner if s/he likes living there.
B – Say yes and give a reason.
A – Say you don't agree and give your opinion.

Mes environs

Learning objectives

- You will learn how to say how you could improve your town or village
- You will meet the conditional tense

ON COMMENCE

Travaille avec un(e) partenaire. La personne A dit une phrase. La personne B dit si elle est d'accord ou pas. Fais cinq phrases chacun.

Exemple: *A – Vivre en ville, c'est génial.*
B – Je suis d'accord.

Vivre en ville, Vivre à la campagne,	c'est cool. c'est génial. c'est bien. c'est super. c'est extra. c'est nul. c'est ennuyeux.
Je suis d'accord. Je ne suis pas d'accord. Je trouve ça …	

ON APPREND

1 Écoutez!

Écris 1 à 6. Comment améliorer les environs? Écoute la suggestion et écris la lettre correspondante.
Exemple: *1. b*

2 Parlez!

Travaille avec un(e) partenaire. Regardez les dessins dans l'activité 1 et faites des dialogues.

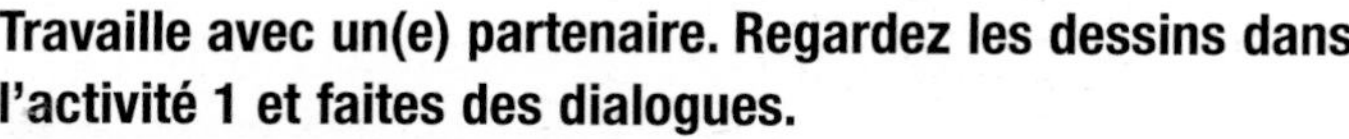

Exemple: *A – Comment améliorer les environs?*
B – Il faut construire un centre sportif.

Il faut construire … Il nous faut plus de … Je voudrais voir … S'il y avait …, ce serait …

J'AVANCE

Ce serait means 'it would be' and **je voudrais** means 'I would like'.

These are examples of a new tense – the **conditional tense**. You will meet this tense again in Unit 6.

3 Jouez!

Travaillez par groupes de quatre. Il vous faut un dé. Faites une phrase pour chaque case.

Exemple: *1. Il faut construire un centre sportif.*

FIN! BRAVO! TU AS GAGNÉ!

16

15

14

13

¡HOLA!

9

10

11

12

8

7

6

5

DÉBUT

⇒

1

2

3

4

ON RÉFLÉCHIT!

Mets les mots dans le bon ordre.

Exemple: *1. Il faut construire un centre sportif.*

1 un il sportif construire centre faut
2 nous il un faut club jeunes de
3 recyclage voudrais je voir un de centre
4 y s'il avait zone ce bien serait une piétonne

Comment changer ton environnement?

Learning objectives

- You will talk further about how to improve your environment
- You will learn to adapt questions to your own purposes

ON COMMENCE

Cherche l'intrus.
Exemple: *1. ennuyeux*

1 calme	tranquille	ennuyeux
2 centre sportif	magasins	centre commercial
3 bruyant	bruit	sain
4 campagne	pollution	voitures
5 cool	nul	génial
6 cinéma	bowling	collège

ON APPREND

Lisez et parlez!

Travaillez à trois. Une personne pose les questions. Une personne répond. La troisième note les réponses. Puis changez de rôle.

LA PAROLE AUX JEUNES – COMMENT AMÉLIORER LES ENVIRONS?

1 Quelle installation voudrais-tu voir en ville?
- **a** un bowling
- **b** un skatepark
- **c** une patinoire

3 Sur le plan de la restauration, tu aimerais voir ...
- **a** plus de restaurants?
- **b** plus de bars?
- **c** plus de cafés?

2 Après le collège, à quel genre d'activités voudrais-tu participer?
- **a** des cours de langue
- **b** un club pour les internautes
- **c** des activités sportives

4 Au niveau de la culture, aimerais-tu voir en ville ...
- **a** un théâtre?
- **b** un cinéma multi-écrans?
- **c** un musée?

5 En ce qui concerne le sport, préférerais-tu voir construire …

a un club de jeunes?

b un stade de foot?

c un centre sportif avec des salles polyvalentes?

6 Au centre-ville, préférerais-tu …

a une zone piétonne?

b des pistes cyclables?

c des pistes de skateboard?

J'AVANCE

You can use your answers to this survey as a basis for a spoken presentation or a piece of written work. In your group, you gave the answers as **a**, **b** or **c**. Now think about how you can use the questions to help you form sentences of your own. For example:

1 Quelle installation voudrais-tu voir en ville?

You need to change the words in red so that you can say 'I would like to see a … in town':

Je voudrais voir … en ville.

5 En ce qui concerne le sport, préférerais-tu voir construire … ?
Here, you just need to change **tu** to **je** and alter the word order slightly:

En ce qui concerne le sport, je préférerais voir construire …

2 Écrivez et parlez!

Écris tes réponses à ce sondage pour en faire une présentation.

ON RÉFLÉCHIT!

C'est important pour toi? Recopie la grille et mets les mots dans la bonne colonne.

Essentiel	Important	Pas important

un aquarium
un hôpital
des magasins
un parc d'attractions
une galerie
une patinoire
une école
un éco-musée

Ma vie personnelle

Learning objectives

- You will learn how to talk about things that are important to you
- You will learn some expressions to help your French sound more authentic

ON COMMENCE

De ces huit phrases, choisis les quatre qui sont correctes.

1 Merci pour le tee-shirt, je la porte souvent.
2 Merci pour les chocolats, je l'aime beaucoup.
3 Merci pour le CD, je l'écoute souvent.
4 Merci pour les stylos, je les utilise quand je fais mes devoirs.
5 Merci pour le walkman, je le écoute tout le temps.
6 Merci pour la casquette, je la porte tous les jours.
7 Merci pour les baskets, je les porte quand je joue au foot.
8 Merci pour le cadeau, je le adore.

J'AVANCE 1

You can really improve your spoken French if you listen to French speakers and note expressions that they use. Try them out yourself next time you speak French. Next time you have to prepare a spoken presentation, make it a target to use three of the phrases from activity 1.

ON APPREND

1 Écoutez!

Quelles expressions est-ce que tu entends parmi les suivantes? Note les lettres.

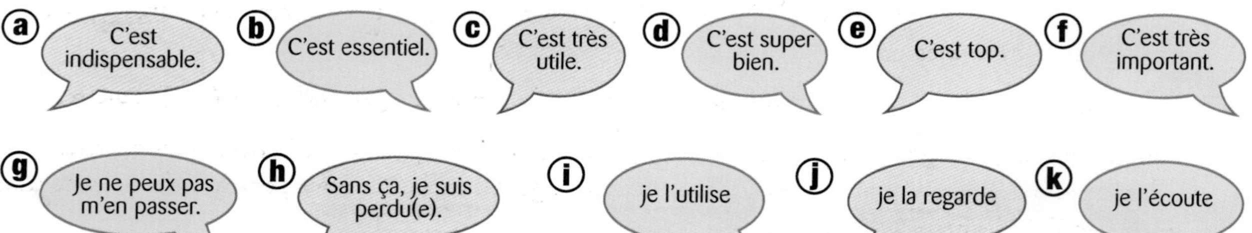

a C'est indispensable.
b C'est essentiel.
c C'est très utile.
d C'est super bien.
e C'est top.
f C'est très important.
g Je ne peux pas m'en passer.
h Sans ça, je suis perdu(e).
i je l'utilise
j je la regarde
k je l'écoute

J'AVANCE 2

In *Avance!* 2, you learnt how to use **direct object pronouns**. They are useful if you don't want to repeat a noun you've already mentioned. The pronoun you use depends on the gender and number of the thing you are talking about. Here is a reminder:

je	**le** **la** **l'** **les**	**prends** **regarde** **utilise** **écoute**

2 Lisez!

Relie les photos et les descriptions.
Exemple: *1. e*

a

b

c

d
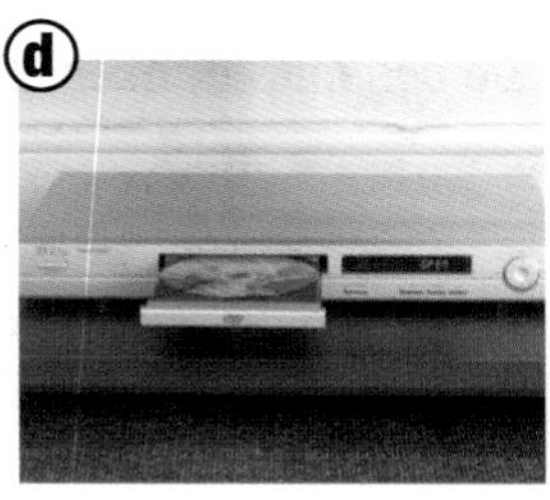

e

f

1 Je l'écoute en route pour le lycée et en rentrant. Je l'écoute à la maison quand mes parents m'énervent ou si ma sœur est casse-pieds. C'est super bien. Ça me détend. Mon CD préféré, c'est le CD de Beyoncé.

2 Pendant la semaine, je l'utilise le soir. Le week-end, je joue toute la journée. C'est absolument indispensable pour moi. C'est ma vie entière. J'adore Lara Croft – je suis fanatique!

3 C'est très utile. Je l'utilise tout le temps. Toute ma vie est là. C'est très important pour moi. J'ai mes adresses, mes numéros de téléphone, tous mes contacts, mon emploi du temps, mes rendez-vous ... Sans ça, je suis perdu.

4 Je l'utilise beaucoup. J'appelle mes copains, je reçois mes messages. Je garde le contact avec tout le monde, et j'envoie les textos du matin au soir. C'est essentiel, je trouve. J'ai mon fond d'écran personnalisé, ma sonnerie – *Les Simpsons* en ce moment – et mon logo personnel.

5 Je la regarde tous les soirs. Je choisis un film et allez hop! C'est top! Ça m'est indispensable. Je l'adore!

6 Je l'utilise tous les jours. Je suis vraiment accro. Je fais des recherches. Je discute. J'envoie mes courriers électroniques, mes e-mails quoi – je les lis aussi. Je télécharge des trucs, des films par exemple, je les regarde le soir. Hier, j'ai téléchargé un film. C'était génial. C'est vraiment très utile.

ON RÉFLÉCHIT!

Regarde l'activité 2 et trouve comment on dit en français:
Exemple: *1. je l'écoute*

1 I listen to it.
2 I use it in the evening.
3 I use it all the time.
4 I use it a lot.
5 I watch it every night.
6 I use it every day.

Le shopping et moi

Learning objectives

- You will learn how to talk about what you bought on a shopping trip
- You will learn how to use grammar to help you understand sentences

ON COMMENCE

a Écoute et mets les phrases dans l'ordre.

b Écris l'anglais.
Exemple: *1. e – I went shopping last week.*

a Mais en fait, je l'ai acheté en bleu.
b J'ai vu un tee-shirt que je voulais acheter.
c J'ai tout de suite préféré le noir.
d J'ai payé à la caisse.
e J'ai fait du shopping la semaine dernière.

ON APPREND

Écoutez!

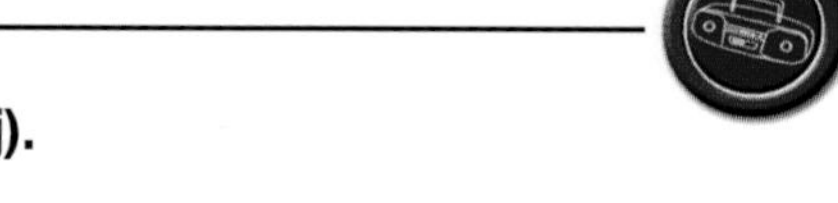

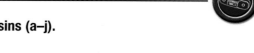

Qui porte quoi? Écris 'Pierrick' et 'Ada' et choisis les bons dessins (a–j).
Exemple: *Ada – i, …*

J'AVANCE 1

You have met direct object pronouns with the present tense, now here they are in use with the perfect tense:

Le tee-shirt collant, je l'ai acheté aux Galeries Lafayette. … I bought it …
Je l'ai payé dix euros. I paid ten euros for it.
Ma chemise longue, je l'ai achetée sur le web. … I bought it …
Mes gants, je les ai payés soixante euros. … I paid sixty euros for them.
Les lunettes, je les ai achetées quand j'étais en vacances. … I bought them …

What do you notice about the endings on the past participles when you see these phrases written down?

The endings agree in the same way that adjectives do. You can't hear the endings, you just have to remember them when you're writing.

2 Parlez!

Travaille avec un(e) partenaire. Décrivez votre look. Voici du vocabulaire pour vous aider. N'oubliez pas de mentionner le prix!

le collier le foulard le tee-shirt	je l'ai payé	vingt trente quarante cinquante soixante soixante-dix quatre-vingts quatre-vingt-dix cent	euros
la casquette la bague la chemise longue	je l'ai payée		
les gants	je les ai payés		
les lunettes de soleil	je les ai payées		

3 Écrivez!

Et où est-ce que tu as acheté tout ça? Écris un résumé.
Exemple: *Le tee-shirt, je l'ai acheté chez Yves Saint Laurent …*

J'AVANCE 2

You can use the grammar to help you work out the answers in **On réfléchit**. In the example, **le foulard** is masculine and singular; as there is no agreement on the end of the past participle, it is one possible answer.

ON RÉFLÉCHIT!

Complète les phrases. (Il y a plusieurs possibilités.) Attention à l'orthographe!
Exemple: *1. Le foulard, je l'ai payé quinze euros.*

1 ________, je l'ai payé quinze euros.
2 ________, je les ai payés quarante euros.
3 ________, je l'ai payée vingt euros.
4 ________, je l'ai payé soixante euros.
5 ________, je les ai payées cinquante euros.

Et s'il n'y avait pas tout ça?

Learning objectives

- You will talk about life without things that you normally take for granted
- You will practise expressing yourself in a variety of tenses

ON COMMENCE

Recopie la grille et mets les verbes dans la bonne colonne. Écris la traduction en anglais.

Passé composé	Présent	Futur	Traduction
j'ai joué			*I played*

je prendrai j'ai lu je lirai je joue j'ai joué je lis je prends j'ai pris je jouerai

ON APPREND

Écoutez et lisez!

Écris 1 à 6. Écoute et mets les réponses dans le bon ordre.
Exemple: *1. e*

Votre attention, s'il vous plaît! Voici le scénario ... À partir de demain, il n'y a plus de télé ... il n'y a plus d'électricité ... la technologie n'existe plus ... les magasins sont fermés ... Que faire?!

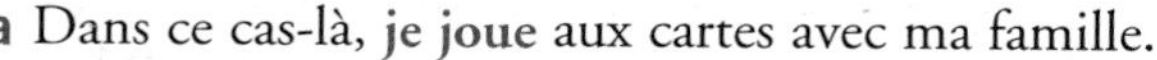

a Dans ce cas-là, **je joue** aux cartes avec ma famille.
b **Je déménage** à la campagne et **je cultive** les choux!
c Je suis bien contente. Il y a trop de matérialisme. Il nous faut un peu plus de conversations. **Je discute** avec ma famille.
d **Je lis** mes livres. J'ai des bougies chez moi!
e **Je prends** mon vélo et **je rends** visite à ma sœur.
f Ça m'est totalement égal! Je ne vais jamais dans les magasins et je ne regarde jamais la télé. **Je fais** du sport avec mes amis comme toujours – c'est tout à fait normal!

déménager to move
cultiver to grow
discuter to discuss
une bougie candle
rendre visite à to visit

Parlez!

Regarde l'activité 1. Refais les verbes en bleu au passé composé.
Exemple: *a. j'ai joué*

3 Lisez et parlez!

Travaille avec un(e) partenaire. D'abord, la personne A pose les questions et note les réponses. Ensuite, changez de rôle.

LE QUIZ PROBLÉMATIQUE

1 Quand la télé tombe en panne ...
- **a** tu restes calme et appelles un ingénieur.
- **b** tu flippes.
- **c** tu achètes une télé neuve sur Internet.

2 La machine à laver s'arrête de marcher.
- **a** Tu fais la lessive chez ta grand-mère.
- **b** Tu piques une crise et tu t'enfermes dans ta chambre.
- **c** Tu vas aux Galeries Lafayette pour faire du shopping.

3 Tu oublies ton portable dans un taxi.
- **a** Tu vas acheter un autre appareil dans un magasin.
- **b** Tu commences à t'arracher les cheveux.
- **c** Tu prends celui de ta mère sans lui demander.

4 Ton ordinateur ne veut pas t'obéir.
- **a** Tu lis les instructions dans le manuel.
- **b** Tu attaques l'écran.
- **c** Tu vas dans le bureau de ton père et utilises son ordinateur.

5 Le conseil municipal suspend ton bus habituel.
- **a** Tu prends ton vélo.
- **b** Tu manifestes devant l'hôtel de ville pendant huit jours.
- **c** Tu voles la voiture du maire.

Regardez la conclusion en bas.

Tu as une majorité de **a**:
Tu es solide et raisonnable – bravo!
Tu as une majorité de **b**:
Tu craques pour un rien – calme-toi! Pas de folies!
Tu as une majorité de **c**:
Tu survis – mais comment! Pense aux autres des fois, ça te fera du bien.

tomber en panne to break down
piquer une crise to throw a fit
arracher to tear out
l'écran screen
le conseil municipal town council

ON RÉFLÉCHIT!

Qu'en penses-tu? Travaille avec un(e) partenaire. Faites des dialogues.

La personne A choisit une activité et demande l'opinion de la personne B. La personne B réagit.

Exemple: *A – Jouer aux cartes, qu'en penses-tu?*
B – C'est nul. Je trouve ça très ennuyeux.

jouer aux cartes   cultiver les choux   faire du sport
faire du vélo   discuter   lire

J Lecture et culture: Les inventions, c'est extraordinaire!

Learning objective

- You will learn how grammar can help you to work out meaning

1 Lisez!

Relie les descriptions et les photos.

a 

b 

c 

d 

e 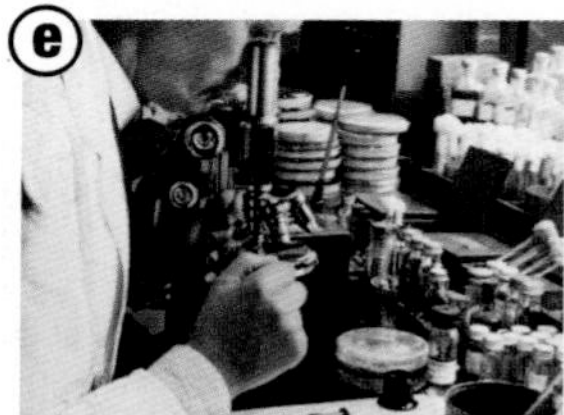

f 

g 

h 

1 L'Italien Bartolomeo Cristofori l'a inventé en 1698. J. A. Stein a inventé les pédales pour l'instrument en 1798 et Sébastien Érard a inventé l'échappement double en 1822, permettant la répétition de la note. Des milliers de personnes en jouent.

2 Nicéphore Niepce l'a inventée en 1816. Il voulait avoir une image de son fils, une sorte de portrait, mais il y avait un problème. L'image n'était pas permanente. Entre 1826 et 1827, il a inventé un procédé pour fixer l'image.

3 Alexander Graham Bell l'a inventé en 1876. Son invention a permis à deux hommes, loins l'un de l'autre, de se parler au même moment.

4 Un Américain, J. McWilliams Stone l'a inventée en 1922. Elle pesait près de dix kilos. On l'écoute maintenant tous les jours.

5 John Baird l'a inventée en 1923, mais elle était mécanique. Un Japonais Kenjiro Takayanagi a inventé la version électronique qu'il a perfectionnée en 1928. René Barthélemy l'a montrée au public français pour la première fois en 1931. Nous la regardons tous les jours.

6 La société Ericsson l'a inventé en Suède en 1979. Il utilise les ondes hertziennes pour effectuer la communication. On les voit partout maintenant. Les jeunes surtout les trouvent indispensables.

7 Sir Alexander Fleming l'a découverte en 1928. C'est le premier antibiotique. La médecine a beaucoup changé depuis cette découverte.

8 L'État français l'a créé en 1976. Il faut choisir six bons numéros pour gagner. C'est un Italien, Benedetto Gentille, qui a inventé ce jeu.

J'AVANCE

If you look at the descriptions of the inventions, you will notice that the direct object pronoun agrees with the past participle in each case:

X l'a inventé – X invented it (where the thing invented was masculine singular)
X l'a inventée – X invented it (where the thing invented was feminine singular)
X les a inventés – X invented it (where the thing invented was masculine plural)
X les a inventées – X invented it (where the thing invented was feminine plural)

So by knowing the gender and number of the nouns, you can start to work out possible answers. In this way, knowing about grammar can help you with meaning.

Make a list of all the agreements you can find in the text below and explain the agreement in each case.

2 Lisez!

CYBER CHIEN DE GARDE

Il ne mord pas, ne perd pas ses poils et on peut le laisser chez soi pendant les vacances sans se préoccuper de sa pâtée: le cyber chien de garde inventé par Sanyo devrait séduire les amateurs de robots domestiques, nombreux au Japon. Deux prototypes baptisés 'T7S Type 1' et 'T7S Type 2', dotés de quatre pattes articulées et d'une carapace métallique, ont été élaborés par le fabricant d'électronique.

Développés en coopération avec la robotique Tmsuk, ils disposent également d'une caméra numérique et d'un portable leur permettant de joindre leur maître à tout moment. Capables de se déplacer en étant contrôlés à distance, ils peuvent assurer la surveillance d'un bâtiment et donner l'alerte en cas d'anomalie. Leur commercialisation devrait commencer en 2003, au prix d'environ 100 000 yen.

pâtée dog food

Réponds aux questions en anglais.

1 If you left the cyber guard dog at home when you went on holiday, what would you *not* have to worry about?
2 Who invented the cyber guard dog?
3 Why does each cyber guard dog have a mobile phone?
4 How do you make the cyber guard dog move?
5 How much will a cyber guard dog cost?

UNIT 5

ON PARLE DE LA TÉLÉ

A Les émissions de télé

Learning objectives

- You will learn to describe different types of TV programme
- You will learn to adapt a text for a different purpose

ON COMMENCE

Travaille avec un(e) partenaire. Posez la question à tour de rôle:

Qu'est-ce que tu as regardé hier soir à la télé?

Hier soir, j'ai regardé …	C'était	amusant. ennuyeux. intéressant. génial. nul.

ON APPREND

1 Écoutez!

Écris 1 à 8. Qu'est-ce qu'ils ont regardé hier soir? C'est quel genre d'émission? Écris la bonne lettre.

Exemple: *1. a*

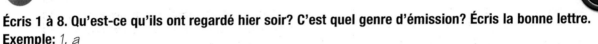

a 
un feuilleton

b 
une comédie

c 
un documentaire

d 

un jeu

e 
un dessin animé

f 
une émission de télé-réalité

g 
une émission de sport

h 
une série

2 Parlez!

Travaille avec un(e) partenaire. La personne A choisit une émission. La personne B dit le genre d'émission.

Exemple:

Des chiffres et des lettres

C'est un jeu.

EXPLORE
MALCOLM
Tintin
LE JOURNAL DU RUGBY
École des Stars
Des chiffres et des lettres

Lisez!

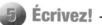

Lis ces textes sur 'Mon film préféré'. On parle de quel film?

Spiderman
Coup de foudre à Manhattan
Harry Potter

C'est un film d'action. L'action se passe à New York en Amérique.

Peter Parker est photographe au journal *Daily Bugle.* La morsure d'une araignée radioactive change son destin. Doté de pouvoirs surnaturels, il décide de lutter contre le mal.

Les acteurs sont très bons et les effets spéciaux sont excellents. C'est un film plein d'action!

C'est un film d'aventures. L'action se passe en Angleterre.

Un jeune orphelin habite chez sa tante et son oncle. À l'âge de 11 ans, un hibou lui dépose une lettre qui parle d'une école de sorciers. C'est à Poudlard que Harry commence à apprendre la magie.

C'est un film d'action original. Les effets spéciaux sont excellents et les jeunes acteurs sont bons. C'est un film spectaculaire.

C'est un film d'amour. L'action se passe à New York.

Marisa travaille comme femme de chambre dans un grand hôtel à New York. Un jour, elle rencontre un homme politique qui séjourne à l'hôtel.

C'est un film classique et romantique. L'histoire est amusante et les acteurs sont très bons.

J'AVANCE

When looking up new words in a dictionary, you may not always find the exact word you are looking for. Verbs are listed in dictionaries in their *infinitive* form.

The following verbs are all in activity 3. With a partner, look them up in a dictionary. Remember that you will have to look for their infinitive form.

doté   dépose   rencontre   séjourne

Now find out the meaning of the words in blue.

Lisez!

Trouve comment on dit en français:

1 The actors are very good.
2 The special effects are excellent.
3 It's a film full of action.
4 It's an original action film.
5 It's a spectacular film.
6 It's a classic film.
7 The story is fun.

ON RÉFLÉCHIT!

Présente ton film préféré!

Écrivez!

Quel est ton film préféré?
Écris un texte au sujet de ton film préféré.
Suis ce modèle:

• Say the name of your favourite film.	Mon film préféré s'appelle …
• Say what sort of film it is.	C'est …
• Say where the action takes place.	L'action se passe à/en …
• Say why you like the film.	Les acteurs sont … Les effets spéciaux sont … L'histoire est … C'est un film …

E Il est comment?

Learning objectives

- You will learn to talk about people's personalities
- You will learn to interpret what you hear

ON COMMENCE

Écris 1 à 6. Écoute ces six personnes. On parle de quel sujet?
Exemple: *1. la famille*

la télé · la campagne · les films · les profs · la famille · la ville

ON APPREND

 Lisez!

Regarde la famille et lis les phrases. On décrit quelle personne?

1 Il est travailleur et sociable, mais il est aussi très amusant.
2 Il est très bruyant. En plus, il est assez vilain.
3 Il est patient et très travailleur. Il est très sympa.
4 Elle est paresseuse et impolie. Elle est souvent furieuse!
5 Elle est tout le temps heureuse. Elle est relaxe et calme, mais un peu paresseuse.

a 
b 
c 
d 
e 

J'AVANCE 1

You have already learnt that you need to make adjectives agree with the person or thing that they are describing:

il est poli (*masc. sing.*) **elle est polie** (*fem. sing.*)

Not all adjectives follow this pattern:

il est heureux (*masc. sing.*) **elle est heureuse** (*fem. sing.*)
il est travailleur (*masc. sing.*) **elle est travailleuse** (*fem. sing.*)

Note too that some adjectives don't change at all in the feminine if the masculine adjective already ends in an **e**:

il est calme (*masc. sing.*) **elle est calme** (*fem. sing.*)

 Parlez!

Travaille avec un(e) partenaire. Regardez les dessins. Pour chaque dessin, la personne A dit une phrase sur sa personnalité. La personne B est d'accord ou pas?

Exemple: *A – Je suis amusant.*
B – Non, je ne suis pas d'accord. Tu es sérieux.
A – Je suis silencieux.
B – Oui, je suis d'accord. Tu es silencieux.

sérieux(-euse)
amusant(e)

furieux(-euse)
calme

silencieux(-euse)
bruyant(e)

poli(e)
impoli(e)

heureux(-euse)
malheureux(-euse)

patient(e)
impatient(e)

travailleur(-euse)
paresseux(-euse)

 J'AVANCE 2

You can get clues about someone's personality by listening out for hidden information they give when they speak. For example, pay attention to the way they speak, their tone of voice and the words they use to say something.

Listen to and read these extracts. What kind of people do you think the speakers are?

a Excusez-moi, Madame.
Je peux avoir un stylo, s'il vous plaît?
Merci beaucoup, Madame!

b J'aime faire le ménage et les devoirs, j'adore ça! Travailler, c'est fantastique!

 Écoutez! 

Écris 1 à 6. Comment sont ces personnes? Écris des phrases.

Exemple: *1. Elle est heureuse.*

malheureuse	**heureuse**
sérieuse	**impatient**
impoli	**paresseux**

 ON RÉFLÉCHIT!

Choisis une famille dans une émission de télé. Décris les personnalités.

Exemple: *Le père, Homer, est relax et amusant. La mère …*

F Action!

ON COMMENCE

Relie les mots de la même famille.
Exemple: *une boisson + boire*

une boisson, travailleur, une brosse, se brosser, un livre, travailler, boire, téléphoner, un téléphone, lire

> **Learning objectives**
> - You will learn to recognise words belonging to the same family
> - You will learn to describe how someone does something, using adverbs

ON APPREND

1 Écoutez et lisez!

Écoute et lis ce scénario de feuilleton.

Il fait rapidement ses devoirs.
Il regarde sérieusement la télé.
Il répond poliment au téléphone.
Il parle furieusement au téléphone.
Il fait lentement la vaisselle.
Il lit calmement.

2 Parlez!

Travaille avec un(e) partenaire. La personne A lit le scénario de l'activité 1. La personne B est l'acteur/l'actrice et mime les actions!

Écrivez!

Maintenant, tu es réalisateur! À toi de décider comment faire les actions suivantes! Fais des phrases.

Exemple: *Il parle calmement au téléphone.*

Il/Elle	parle joue mange boit fait lit	rapidement furieusement sérieusement lentement calmement poliment	au téléphone. au foot. le petit déjeuner. un café. la vaisselle. un journal.

J'AVANCE

As you know from your literacy work, an adverb is a word which describes a verb. Many adverbs describe *how* an action is done. Lots of adverbs in English end in –ly. In French, they often end in **–ment**. When using an adverb to describe how an action is done, it usually goes after the verb.

Il mange rapidement. He eats quickly.
Elle chante calmement. She sings calmly/happily.

To form an adverb, take the feminine singular form of the adjective of the same family and add **–ment**:

furieux (*masc. sing.*) → **furieuse** (*fem. sing.*) → **furieusement** (*adv*)

Watch out! If the masculine singular form of the adjective ends in a vowel, you need to add **–ment** to this to form the adverb:

poli (*masc. sing.*) → **poliment** (*adv*)

Écrivez!

Lis les phrases. Écris le scénario, en utilisant un adverbe au lieu d'un adjectif.

Exemple: *1. Elle fait* **sérieusement** *ses devoirs.*

1 Elle est sérieuse. Elle fait ses devoirs.
2 Il est impoli. Il parle au réceptionniste.
3 Elle est silencieuse. Elle mange un sandwich.
4 Il est calme. Il regarde la télé.
5 Elle est paresseuse. Elle reste au lit.
6 Il est poli. Il pose une question.

ON RÉFLÉCHIT!

Pour chaque mot, trouve un mot de la même famille.
Exemple: *regarder – le regard*

regarder heureux rapide
sérieusement finir calculer

G Changez!

Learning objectives

- You will learn to understand and describe what someone used to be like
- You will learn to use the imperfect tense

ON COMMENCE

adjectifs qui décrivent la personnalité.
Exemple: *sociable, …*

ON APPREND

Écoutez et lisez!

Comment étaient les personnes avant? Comment sont-ils maintenant?

Exemple: *1. avant: solitaire, impoli*
maintenant: sociable, poli

Bienvenue à une autre émission de *Changez!*, l'émission qui change votre vie! Aujourd'hui on va rencontrer trois personnes. Ils ont beaucoup changé!

1
Avant, j'étais solitaire et impoli …
2
… maintenant, je suis sociable et poli!

3
Avant, j'étais bruyante et furieuse …
4
… maintenant, je suis silencieuse et calme!

5
Avant, j'étais sérieux et malheureux …
6
… maintenant, je suis amusant et heureux!

J'AVANCE

You have already met the **imperfect tense** when saying what something was like:

C'était ennuyeux! C'était fantastique!

When talking about the past, you have used the perfect tense to talk about actions. The imperfect tense describes things and situations that existed in the past. You can also use the imperfect tense to describe what someone used to be like.

Here is the verb **être** in the imperfect tense:

j'étais	I was *or* I used to be
tu étais	you were *or* you used to be
il/elle/on était	he/she/one was *or* he/she/one used to be
nous étions	we were *or* we used to be
vous étiez	you were *or* you used to be
ils/elles/Paul et Claire étaient	they/Paul and Claire were *or* they/Paul and Claire used to be

2 Écrivez!

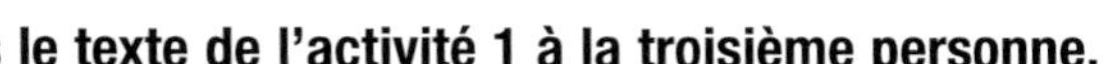

Écris le texte de l'activité 1 à la troisième personne.

Exemple: *Avant,* ***il était*** *solitaire et impoli. Maintenant,* ***il est*** *sociable et poli!*

3 Écrivez!

Imagine comment étaient ces personnes célèbres quand elles étaient plus jeunes. Comment sont-elles maintenant?

a

b

c

d

Avant, il/elle était Maintenant, il/elle est	solitaire impoli(e) bruyant(e) impatient(e) furieux (-euse) malheureux (-euse) paresseux (-euse)	sociable poli(e) amusant(e) patient(e) sérieux (-euse) travailleur (-euse) silencieux (-euse)

ON RÉFLÉCHIT!

Travaille avec un(e) partenaire. Parlez de vous quand vous étiez plus jeune.

Exemple:

Quand j'étais jeune, j'étais impatient(e) et bruyant(e).

Un soir au *Loft*

ON COMMENCE

Learning objectives

- You will continue to use the imperfect tense
- You will learn to use the imperfect tense with the perfect tense

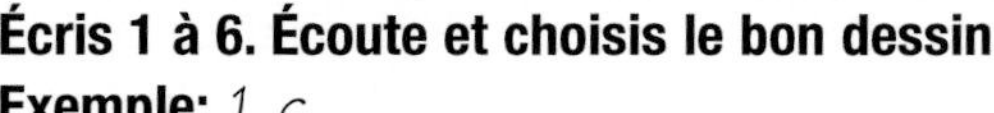

Écris 1 à 6. Écoute et choisis le bon dessin.

Exemple: *1. c*

(a) 

(b) 

(c) 

(d) 

(e) 

(f) 

ON APPREND

1 Écoutez et lisez!

Qu'est-ce qui s'est passé au *Loft* hier soir?

(a) 

Ayesha était trés intelligente alors elle a gagné le quiz.

(b) 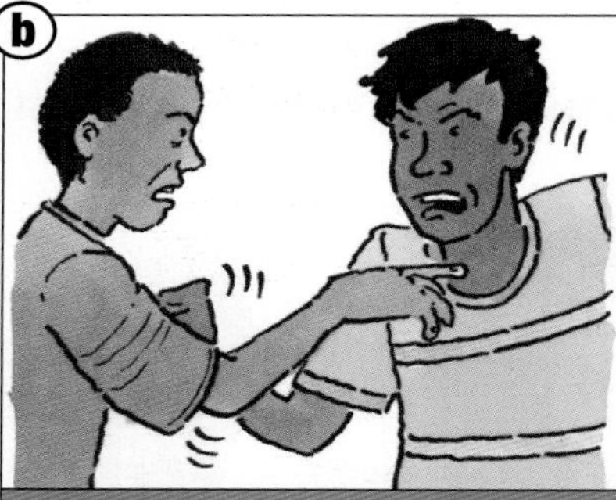

Nathan était furieux alors il a insulté Jay.

(c) 

Nazeera et Nathan étaient en forme alors ils ont joué au foot pendant deux heures.

(d) 

Fred a parlé au confessionnal pendant 40 minutes parce qu'il était malheureux.

(e) 

Gabrielle avait faim, alors elle a mangé des frites.

(f) 

Jay avait soif, alors il a bu un coca.

J'AVANCE

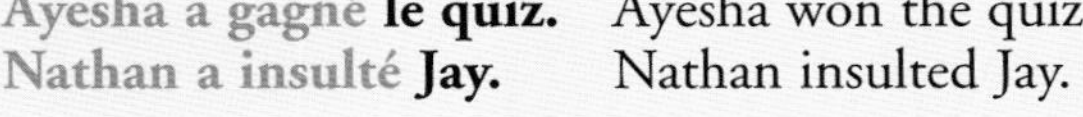

As you know, the imperfect tense can be used to describe what someone used to be like. It can also be used to describe how someone was feeling:

Nathan était furieux.	Nathan was furious.
Gabrielle avait faim.	Gabrielle was hungry.

You should still use the perfect tense to describe actions which happened in the past:

Ayesha a gagné le quiz.	Ayesha won the quiz.
Nathan a insulté Jay.	Nathan insulted Jay.

2 Lisez et écoutez!

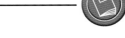

Relie les émotions aux actions possibles. Écoute pour vérifier.

Exemple: *1. Fred était furieux parce que Ayesha l'a insulté.*

1 Fred était furieux …	alors il a gagné le quiz.
2 Jay était très intelligent …	alors elle a bu une limonade.
3 Nazeera était en bonne santé …	alors elle a parlé au confessionnal.
4 Gabrielle était malheureuse …	alors il a mangé des céréales.
5 Nathan avait faim …	alors elle a fait du sport.
6 Ayesha avait soif …	alors il a insulté Ayesha.

3 Parlez!

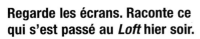

Regarde les écrans. Raconte ce qui s'est passé au *Loft* hier soir.

Exemple: *1. Fred était très intelligent alors il a gagné le quiz.*

1 

2 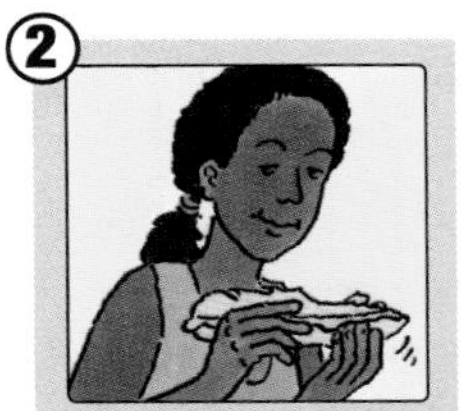

3 

4 

5 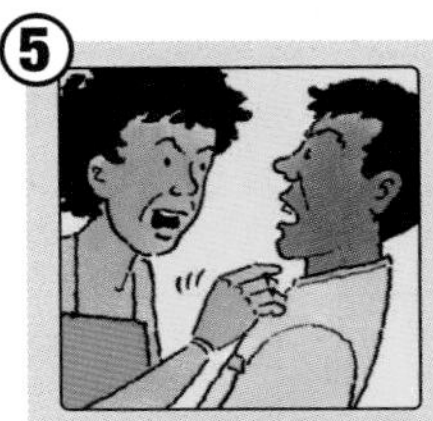

6 

ON RÉFLÉCHIT!

C'est une émotion ou une action?

Remplis chaque blanc avec le bon verbe à l'imparfait ou au passé composé.

1 Nathan _____ au foot parce qu'il _____ en bonne forme.
2 Ayesha _____ faim alors elle _____ une pomme.
3 Gabrielle _____ furieuse alors elle _____ Jay.
4 Nazeera _____ soif alors elle _____ un café.

a insulté	avait
a mangé	avait
a bu	était
a joué	était

Hier soir à la télé

Learning objectives

- You will learn to talk about a programme you watched on TV last night
- You will learn to make extended contributions in class

ON COMMENCE

Travaille avec un(e) partenaire. La personne A décrit une émission, la personne B dit le nom de l'émission.

Exemple: *A – C'est un jeu qui passe sur Channel 4 cinq fois par semaine.*
B – C'est Des chiffres et des lettres.

C'est	un feuilleton un jeu un dessin animé une émission de sport une série	qui passe sur	BBC1 BBC2 ITV Channel 4 Channel 5	une deux trois quatre cinq	fois par semaine.

ON APPREND

Écoutez et lisez!

Écoute et lis le texte.

Hier soir j'ai regardé *Sous le Soleil.*

C'est un feuilleton qui passe sur TF1 une fois par semaine. Il s'agit de quelques personnes qui habitent dans le sud de la France, à St Tropez. Les personnages principaux sont trois jeunes femmes qui habitent au bord de la mer.

J'aime ce feuilleton parce que c'est amusant et les acteurs sont bons. Cependant, l'action n'est pas réaliste!

Hier soir, Baptiste et Élisabeth se sont séparés. Alors Élisabeth était malheureuse et elle est allée chez sa mère. Céline a acheté une grande maison, mais Floriane était jalouse.

C'était bien, mais un peu stupide!

Lisez!

On parle de quelle émission?

1 Il s'agit de quelques personnes qui habitent á l'est de Londres autour d'une place.
2 Il s'agit d'une famille qui habite à Springfield, en Amérique.
3 Il s'agit de quelques personnes qui travaillent dans un hôpital dans le sud-ouest de l'Angleterre.
4 Il s'agit de policiers qui travaillent dans un commissariat à Londres.

J'AVANCE

You met the little word **y** in *Avance! 1*:

On y va!	Let's go!	**Il y a ...**	There is/there are ...

Now you're going to find out more about it. **Y** means 'there' and it is placed between the subject pronoun and the verb. So elements of the sentence will be in a different order in French than in English.

On y trouve des monuments.	We find monuments there.
On y parle français.	They speak French there.

Parlez!

Travaille avec un(e) partenaire. À tour de rôle, lisez les phrases de l'activité 1 à haute voix. Contre la montre – apprenez-les par cœur!

Lisez!

Lis cet article sur Montréal et décide si les phrases en bas sont vraies (V), fausses (F) ou pas mentionnées (PM).
Exemple: *1. V*

Vue sur la ville

À Montréal, les cinémas, et les théâtres spectacle attirent les gens, alors que les cafés, les bars et les discothèques sont ouverts tard dans la nuit.

La nature est importante pour les Montréalais qui fréquentent toute l'année le parc du Mont-Royal.

Beaucoup de visiteurs se rendent au Vieux-Port – c'est le site le plus populaire. Vous pouvez y prendre un bateau (bateau-mouche, navette, bus amphibie) pour une promenade sur la rivière.

Juste en face, au milieu du fleuve Saint-Laurent, se trouve le parc Jean Drapeau, site de l'Exposition Universelle de 1967. Cette oasis de verdure propose aux familles diverses activités de plein air: pique-nique et baignade l'été, patinage et ski de randonnée l'hiver, ainsi qu'un merveilleux parc d'attractions appelé La Ronde. C'est également dans ce parc qu'on trouve le Casino de Montréal.

Le Parc Olympique, construit pour les Jeux olympiques de 1976, compte aussi parmi les sites les plus fascinants de Montréal. Pendant la saison estivale, le Stade Olympique rassemble les fans de baseball venus voir les Expos.

1 Il y a beaucoup de choses à faire à Montréal le soir.
2 On va au parc du Mont-Royal uniquement en été.
3 Le Vieux-Port n'est pas très populaire auprès des visiteurs.
4 Dans le parc Jean Drapeau, on peut nager, faire du ski et jouer aux cartes!
5 En été, on joue au basket dans le Stade Olympique.

ON RÉFLÉCHIT!

Travaille avec un(e) partenaire. Faites un dialogue au sujet de Montréal suivant ces modèles.

A – Qu'est-ce qu'il y a à voir à Montréal?
B – Il y a ...

A – Montréal, c'est comment?
B – C'est super, on y trouve ...

B Je voudrais réserver une chambre

Learning objectives

- You will learn how to book a room in a hotel
- You will learn some examples of 'false friends'

ON COMMENCE

Écris 1 à 8. Écoute les noms. Ça s'écrit comment?
Exemple: *D-E-L-C-O-U-R*

ON APPREND

1 Écoutez et lisez!

Suis cette conversation.

Bonjour.

Bonjour, Monsieur. Je voudrais réserver une chambre.

C'est pour combien de nuits?

Pour trois nuits.

C'est à quel nom?

Bereznay.

C'est pour combien de personnes?

Pour deux personnes.

C'est pour quelle date?

Le 15 novembre.

Comment ça s'écrit?

B-E-R-E-Z-N-A-Y.

2 Écoutez!

Écris 1 à 5. Écoute. C'est quelle conversation?
Exemple: *1. c*

J'AVANCE

Sometimes you come across words called 'false friends' – words which make you think they mean one thing, when in fact they mean another! Here are some examples:

Bonne journée!	*not* 'have a good journey', but 'have a nice day'
le car	*not* 'car', but 'coach'
une pièce	*not* 'a piece', but 'a room'
location	*not* 'location', but 'hire'

Look out for other examples and make a list as you meet them.

3 Lisez!

Lis cet extrait et choisis les bons symboles.

NOUVEL HÔTEL MONTRÉAL
126 unités, 9 étages
****

Adresse: 1740 boulevard René-Lévesque Ouest, Montréal, Québec, Canada, H3H1R3
Région touristique: Montréal

Le Nouvel Hôtel est situé au coeur du centre-ville, près du Centre Molson, de la rue Crescent et de sa vie nocturne ainsi que du musée des Beaux-Arts. Le Nouvel Hôtel vous offre tout le confort de votre foyer; chaque chambre est munie d'une cafetière et d'un séchoir à cheveux. Nous vous proposons aussi un bar italien ainsi qu'une salle de cabaret, «Comedy Nest», où nous vous présentons des spectacles d'humour.

4 Parlez!

Travaille avec un(e) partenaire. Faites ce jeu de rôle.

A – Say hello.
B – Say you would like to reserve a room.
A – Ask for how many people.
B – For two people.
A – Ask for how many nights.
B – For two nights.
A – Ask for a name.
B – Give a name.

ON RÉFLÉCHIT!

Regarde les symboles dans l'activité 2. Écris les dialogues dans ton cahier.

G Si on faisait du camping au Québec?

Learning objectives

- You will learn how to book in at a campsite
- You will use reference materials to help you check verb endings

ON COMMENCE

Travaille avec un(e) partenaire. Regardez la section grammaire à la page 128. Trouvez les terminaisons qui manquent dans ce texte.

Normalement, je pass_ mes vacances en Corse. Nous part___ en famille et nous loge___ dans un hôtel. Mes parents aim___ ça. Il y a une piscine pour nous, les enfants, et il y a des jeunes du même âge aussi. Je va__ à la plage ou en ville avec ma sœur. On s'amus_ et mes parents rest___ au bord de l'eau sans se soucier de nous! C'est ça les vacances!

ON APPREND

1 Écoutez!

Recopie la grille. Écoute et remplis les détails.

							Nom
1	✓		1	3	✓	10$	Daoud
2							
3							
4							
5							

2 Parlez!

Travaille avec un(e) partenaire. Faites ces dialogues.

A –  

B –  

A – *5.*

B –  

A – *2.*

B – 

A – ✓ 

B – *15. Nom?*

A – *Martin.*

A –  

B –  

A – *2.*

B – 

A – *3.*

B – 

A – ✓ 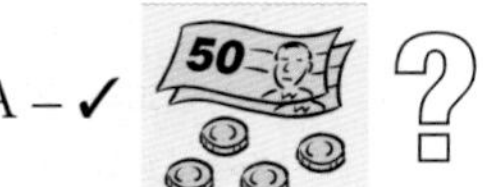

B – *10. Nom?*

A – *Arditi.*

3 Lisez!

Reconstitue ce dialogue. Écris les lettres dans le bon ordre.
Exemple: *f, ...*

a C'est pour combien de nuits?
b Vous avez une voiture?
c 10 dollars. C'est à quel nom?
d C'est pour combien de personnes?
e Daoud.
f Bonjour, Madame. Je peux vous aider?
g Ça s'écrit comment?
h Pour une nuit.
i Oui, Monsieur. Vous avez de la place pour une tente?
j Oui. C'est combien?
k Pour trois personnes.
l D-A-O-U-D.

4 Écrivez!

Recopie la fiche et remplis les détails.

Le camping Plage Lac du St-Joseph

Demande de réservation
Nous vous demandons de bien vouloir nous transmettre les informations suivantes:

Nom et prénom:
Adresse:
Ville:
Pays:

Numéro de téléphone:
Adresse internet:

Date d'arrivée:
Date de départ:

Type d'unité – tente/caravane:

ON RÉFLÉCHIT!

Lis les phrases et corrige les fautes. (Il y a deux fautes par phrase.)
Exemple: *Vous avez de la place pour une caravane?*

1 Vous avez de la place por une caravan?
2 C'et a quel nom?
3 Vouz avez un voiture?
4 C'est pour deu nuit.
5 Vous avez de la plas pour une tante?

D C'est essentiel?

Learning objectives

- You will learn how to talk about camping equipment
- You will revise how to interpret what you hear from content and tone

ON COMMENCE

Travaille avec un(e) partenaire. La personne A donne son opinion sur une star, la personne B réagit.

Exemple: *A – J'adore Britney Spears. Elle est super. Qu'en penses-tu?*
B – Je suis d'accord. Elle est super.
ou
– Euh tu sais, je ne suis pas d'accord. Elle est nulle.

ON APPREND

1 Écoutez!

Écris 1 à 10. Écoute et écris la bonne lettre.
Exemple: *1. c*

a 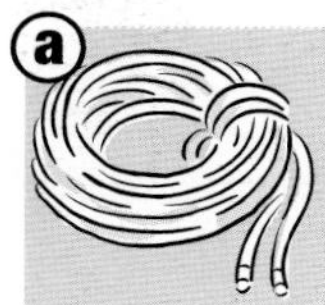
b 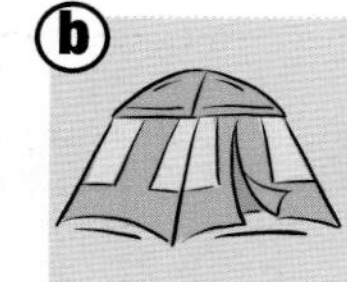
c 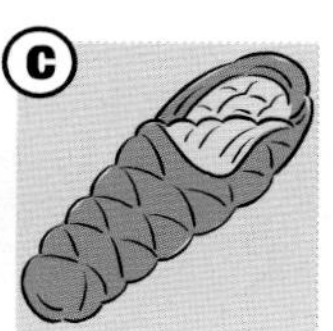
d 
e 
f 
g 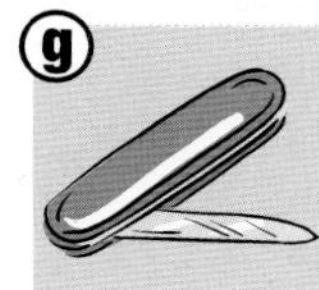
h 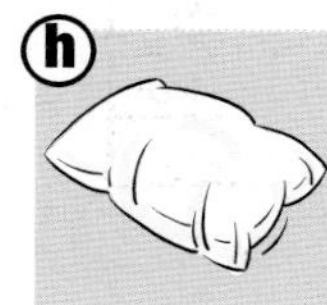
i 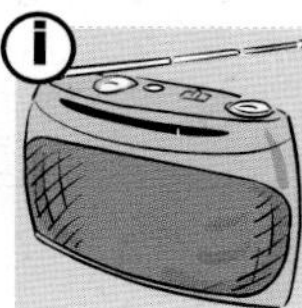
j 

2 Parlez!

Travaille avec un(e) partenaire. Vous partez faire du camping. Regardez les dessins dans l'activité 1. Vous pouvez choisir seulement six objets. Mettez les objets par ordre d'importance pour vous. Voici du vocabulaire pour vous aider.

Exemple: *A – Une tente, c'est essentiel.*
B – Oui, je suis d'accord. C'est le numéro un, alors.

C'est essentiel.	… est plus utile que …
C'est indispensable.	On ne peut pas s'en passer.
C'est très utile.	Sans ça, on est perdu.
C'est très important.	

J'AVANCE

Expressions like those in the box on page 108 can help you to interpret someone's viewpoint. Their tone of voice can also give you useful clues.

Listen to these people discussing what to take on a camping trip. Make a list of the words or phrases which help you to interpret their attitudes.

3 Écoutez et répétez!

le sauna

le bain tourbillon

les douches

l'eau potable

les prises de courant

les machines à laver

les poubelles

les toilettes

la piscine

le bureau

4 Écoutez!

Écris a à f. Écoute et note la position des installations.

Exemple: *a. les toilettes*

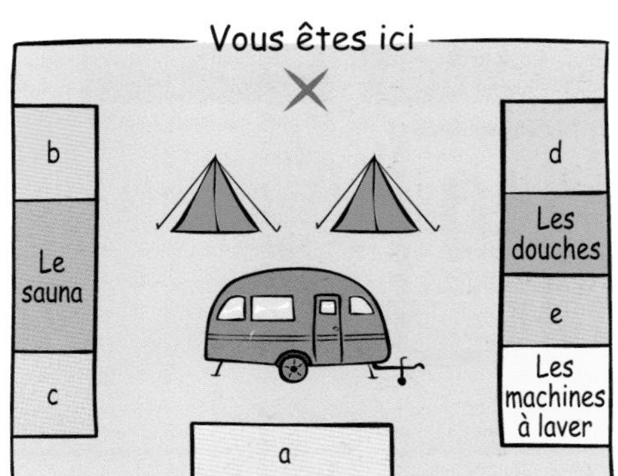

ON RÉFLÉCHIT!

Tu pars sur une île déserte. Fais une liste de six objets essentiels. (Tu peux choisir seulement deux objets de l'activité 1!)

E Je voudrais rester dans un hôtel

Learning objectives

- You will learn how to talk about different types of accommodation
- You will learn some more forms of the conditional tense

ON COMMENCE

Travaille avec un(e) partenaire. Jouez au morpion.

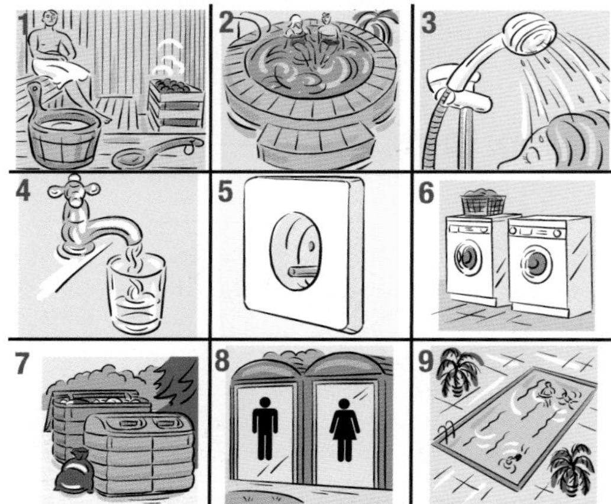

ON APPREND

1 Écoutez!

Écris 1 à 8. Écoute et écris la bonne lettre. Note aussi l'opinion.

Exemple *1. c – confortable*

a

b

c

d

e

f

g

h
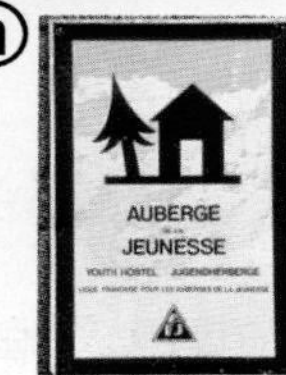

amusant(e)
intéressant(e)
super
cool
confortable

2 Parlez!

Travaille avec un(e) partenaire. Faites des dialogues en utilisant les dessins de l'activité 1. Suivez ce modèle:

A – Où voudrais-tu loger?

B – Moi, je voudrais rester dans … Ce serait …

Je voudrais rester dans	un hôtel un hôtel de glace un appartement un tipi une tente une caravane une cabane dans les bois une auberge de jeunesse

J'AVANCE

You have come across the conditional tense before. You often say **Je voudrais** – I would like. 'Would' is how the conditional tense is translated in English:

Je voudrais partir au Canada.	I would like to go to Canada.
Je voudrais rester dans l'hôtel de glace.	I would like to stay in the ice hotel.
Ce serait super!	It would be great!

3 Écoutez et chantez!

On part au Canada, mais où loger?

Dans un hôtel, moi, je voudrais rester!

Il y a un hôtel de glace, oh là là!

Ou dans un tipi, ça c'est extra!

Loger dans une tente, je ne veux pas de ça!

Une cabane dans les bois, c'est pour moi!

Écrivez!

Reconstitue les phrases.

Exemple: *1. Je voudrais rester dans un hôtel. Ce serait bien.*

1 ce rester voudrais je dans un bien hôtel serait
2 génial voudrais je dans rester appartement ce un serait
3 rester dans intéressant un voudrais tipi ce serait je
4 dans rester serait une je tente ce super voudrais
5 je une dans cabane les rester dans serait bois ce voudrais super

ON RÉFLÉCHIT!

Travaille avec un(e) partenaire. Il vous faut un dé. Lancez le dé deux fois pour faire des phrases.

Exemple: *1 + 2 – Je voudrais rester dans un hôtel. Ce serait super.*

1	hôtel	tipi	caravane	appartement	tente	cabane
2	cool	super	amusant(e)	confortable	intéressant(e)	génial

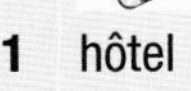
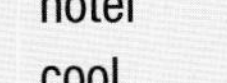

F Quels pays aimerais-tu visiter?

Learning objectives

- You will learn to talk about countries you would like to visit or live in
- You will learn how to form the conditional tense
- You will revise how to paraphrase what you have heard

ON COMMENCE

Travaille avec un(e) partenaire. Faites une liste de tous les pays que vous connaissez en français.

France Spain Denmark Italy
Belgium Luxembourg Portugal Senegal
Germany Ireland Morocco

ON APPREND

J'AVANCE

As you have seen, you translate the conditional using 'would' in English. To form the conditional, take the future stem (which is often the infinitive form of the verb – see page 128 for examples) and add the following endings:

visiter (to visit)
future stem → visiter

je visiterais	I would visit
tu visiterais	you would visit
il/elle/on/Paul visiterait	he/she/one/Paul would visit
nous visiterions	we would visit
vous visiteriez	you would visit
ils/elles/Paul et Claire visiteraient	they/Paul and Claire would visit

1 Écoutez!

a Écris 1 à 4. Écoute et choisis la bonne photo.

a 

b 

c 

d 

b Écoute encore une fois. Note les points forts de ce que dit chaque personne. Voici un modèle pour t'aider:

Il/Elle partirait ...
Il/Elle aimerait voyager avec ...
Il/Elle resterait dans ...
Il/Elle visiterait ...
Ce serait ...

Lisez!

Mes vacances de rêve? Eh bien, j'aimerais voyager avec ma cousine Nelly. On partirait à Madrid en train. On resterait dans un hôtel de luxe quatre étoiles bien sûr avec un bain tourbillon dans la chambre – sauna, piscine, tout ça! On visiterait tous les musées de peinture, le Prado par exemple, et tous les parcs aussi. On ferait du shopping et on mangerait dans les restos les plus chers – là où mangent les footballeurs. Ce serait fantastique! Qu'en penses-tu?

Céline

Choisis la bonne réponse.

1 **Céline partirait …**
- a avec son cousin.
- b avec son coussin.
- c avec Nelly, sa cousine.

2 **Pour aller à Madrid, elles prendraient …**
- a l'avion.
- b le train.
- c le métro.

3 **Elles logeraient dans un hôtel …**
- a cher.
- b pas cher.
- c chéri.

4 **Elles regarderaient beaucoup de …**
- a matchs de foot.
- b nageurs.
- c tableaux.

5 **Elles mangeraient …**
- a les footballeurs.
- b avec les footballeurs.
- c les ballons de foot.

ON RÉFLÉCHIT!

Travaille avec un(e) partenaire. Parlez de vos vacances de rêve. Voici des phrases pour vous aider:

- Je partirais …
- Je resterais dans …
- Je visiterais …
- J'aimerais voyager avec …
- Ce serait …

G La ville de Québec

Learning objectives

- You will use the conditional tense more extensively
- You will revise how to build answers from questions

ON COMMENCE

Contre la montre! Trouve tous les mots qui ressemblent à l'anglais dans ce passage sur Québec.

ON APPREND

1 Écoutez et lisez!

Écoute et mets les symboles dans l'ordre.

Québec est aujourd'hui un port maritime, un centre de services et de recherche important, un lieu culturel et, bien sûr, la capitale du Québec. L'Hôtel du Parlement est un bâtiment intéressant qui est ouvert aux visiteurs toute l'année.

Québec est la seule ville fortifiée en Amérique du Nord. Ici vous pouvez remonter le cours des siècles. Commencez votre visite au Parc-de-l'Artillerie, près de la Porte Saint-Jean. On trouve plusieurs musées derrière les vénérables façades de la Vieille-Ville: le musée de l'Amérique Française, logé dans les murs anciens du Séminaire, le musée des Ursulines et le musée des Augustines.

La basilique Notre-Dame-de-Québec, riche en œuvres d'art, vous propose un superbe son et lumière.

Empruntez l'unique funiculaire de Québec et descendez dans la Basse-Ville. On y trouve un centre d'information, des boutiques d'art et d'artisanat, plusieurs restaurants et des bistros.

Tout près, le musée de la Civilisation présente des expositions thématiques avec une approche interactive très actuelle. Du Vieux-Port, n'hésitez pas à vous embarquer pour une croisière sur la rivière.

Réservez quelques heures de votre programme à la visite de l'Aquarium, situé tout près du pont de Québec. Visitez aussi le Jardin Zoologique à Charlesbourg et n'oubliez pas le Village Vacances Valcartier, un immense parc aquatique l'été et un centre d'activités récréatives l'hiver.

a
b
c
d
e
f
g
h
i
j

2 Écoutez!

Écris 1 à 6. Écris la lettre de la question que tu entends.

Exemple: *1. b*

a Quelles attractions aimerais-tu visiter?
b Comment voyagerais-tu?
c Où logerais-tu?
d Quels monuments visiterais-tu?
e Le soir, que ferais-tu?
f Tu partirais avec qui?

J'AVANCE

Remember that question forms can help you with your answers (see page 47). Listen again to the questions and answers in activity 2 and note down the structures used.

3 Écrivez!

Écris un programme pour toi-même pour une visite à Québec.

Si je visitais Québec?

Je voyagerais …
Je partirais …
Je logerais …
Je visiterais …
Comme attractions, j'aimerais visiter …
Le soir, j'irais …

ON RÉFLÉCHIT!

Comment dit-on en français:

Exemple: *1. je voudrais*

1 I would like
2 she would stay
3 we (**on**) would visit
4 you (*sing.*) would stay
5 he would like
6 I would travel

La géographie du Québec

Learning objectives

- You will learn about the geography of Quebec
- You will learn how to give a presentation on a region

ON COMMENCE

Travaille avec un(e) partenaire. Pensez à votre ville. À tour de rôle, faites des phrases qui contiennent les expressions suivantes:

Exemple: *En ville, il y a un cinéma.*

il y a
on trouve
on y trouve
c'est

ON APPREND

Lisez et écoutez!

Situation

Le Québec est situé au nord-est du continent américain. C'est la plus grande province du Canada. Le Québec est trois fois plus grand que la France, sept fois plus grand que le Royaume-Uni et cinquante fois plus grand que la Belgique.
Le Québec occupe 1 667 926 km^2.

Géographie

Au Québec, on trouve beaucoup de paysages différents. Il y a la grande plaine fluviale. Ensuite, vous avez les montagnes – les Appalaches – dans le sud. On trouve aussi des forêts énormes. Au nord, il y a la taïga et la toundra dans les régions subarctiques et arctiques. Et puis il y a plus d'un million de lacs et des milliers de rivières. C'est immense!

Attractions

Il y a de tout. Des montagnes pour faire de l'alpinisme et du ski. Des rivières pour le rafting. Des villes pour faire du shopping et pour aller aux spectacles le soir.

Climat

Au Québec, on trouve tous les climats. À Montréal, il pleut au printemps et en automne, il y a du soleil en été, et en hiver il neige. C'est un peu comme notre climat européen. Plus haut vers le nord, il fait très froid. C'est un climat d'abord subarctique et ensuite un climat arctique.

Trouve comment on dit en français:

1 is situated
2 occupies
3 lots of different landscapes
4 forests
5 mountaineering
6 shows
7 climates
8 in winter

2 Parlez!

Travaille avec un(e) partenaire. Choisissez une région ou un pays n'importe où dans le monde. Faites des recherches sur Internet ou à la bibliothèque. Prenez des notes selon ces titres.

Situation: ____________
Géographie: ____________
Attractions: ____________
Climat: ____________
Population: ____________
Autres détails: ____________

Présentez votre région à la classe. Voici un modèle pour vous aider dans votre présentation.

Nous allons parler de … En ce qui concerne la situation … … se trouve … … occupe … km^2	We are going to talk about … Regarding the position … … lies … … occupies … km^2
Au niveau de la géographie, … En/Au/Dans … on trouve … Le paysage est …	As for the geography, … In … you find … The landscape is …
Sur le plan des attractions … Il y a … On y trouve …	Let's consider attractions … There is/are … You find there …
Si on veut parler du climat … En été … En hiver …	Let's talk about the climate … In summer … In winter …
Pour ce qui est de la population, … Dans … il y a … habitants.	As for the population, … In … there are … inhabitants.

ON RÉFLÉCHIT!

Écris un paragraphe sur Paris à partir de ces détails:

Situation: nord de la France
Attractions: la tour Eiffel, l'arc de Triomphe, les galeries, les musées, les parcs
Population: 2 000 000
Autres détails: beaucoup de magasins

Et s'il neige?

Learning objectives

- You will learn how to talk about what someone should bring with them on holiday
- You will produce a piece of supported extended writing

ON COMMENCE

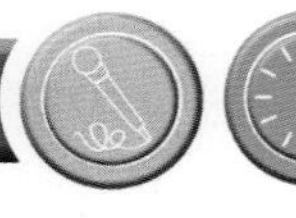

Travaille avec un(e) partenaire. Contre la montre! Quels sont ces vêtements?

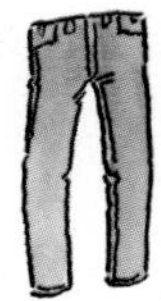

ON APPREND

1 Lisez!

Le Nord-du-Québec offre en toute saison beaucoup d'activités pour les grands aventuriers: ski de randonnée dans la vallée de la Koroc, excursion au cratère du Nouveau-Québec, escalade et ski de montagne dans les monts Torngat, randonnée en motoneige ou en traîneau à chiens, descente de rivière en canot ou en radeau pneumatique, kayak de mer, randonnée pédestre, vélo de montagne ...

Un séjour dans le Grand Nord peut cependant prendre d'autres formes que le voyage d'aventure: découverte culturelle (expédition chez les Inuits ou les Cris), chasse et pêche, safari-photo et écotourisme, safari aérien, visites industrielles ...

le traîneau à chiens dog sled   **le radeau** raft

Écris 1 à 10. Quelles activités sont mentionnées? Écris les bonnes lettres.

Exemple: *1. a*

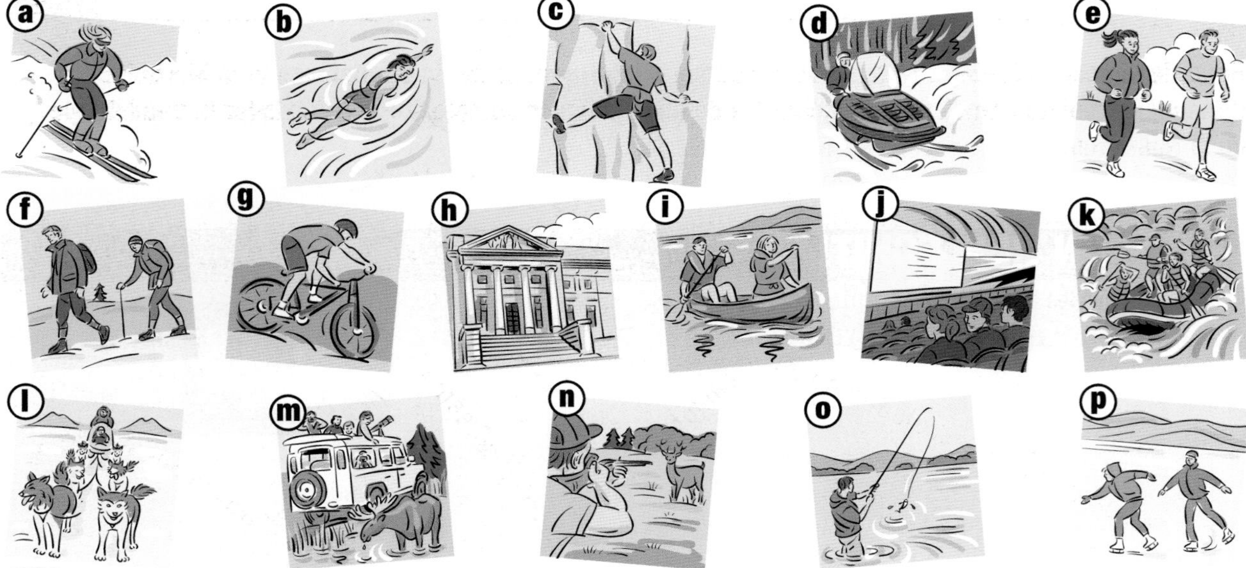

2 Lisez!

Lis cet e-mail et regarde les commentaires.

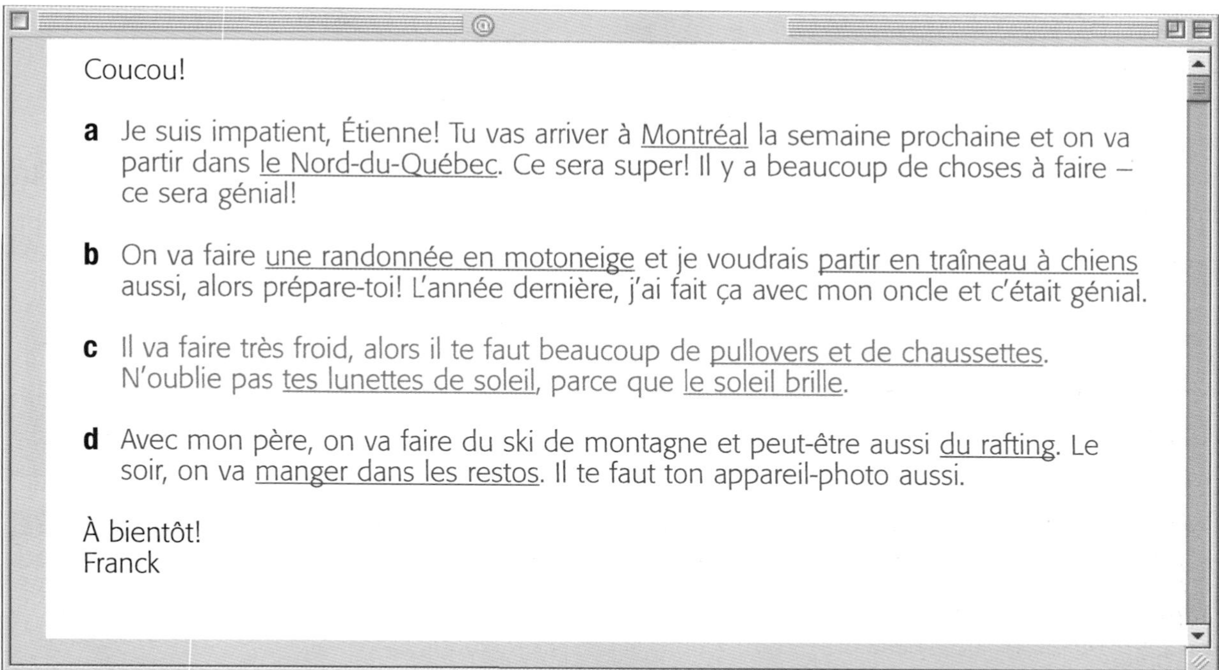

Coucou!

a Je suis impatient, Étienne! Tu vas arriver à <u>Montréal</u> la semaine prochaine et on va partir dans <u>le Nord-du-Québec</u>. Ce sera super! Il y a beaucoup de choses à faire – ce sera génial!

b On va faire <u>une randonnée en motoneige</u> et je voudrais <u>partir en traîneau à chiens</u> aussi, alors prépare-toi! L'année dernière, j'ai fait ça avec mon oncle et c'était génial.

c Il va faire très froid, alors il te faut beaucoup de <u>pullovers et de chaussettes</u>. N'oublie pas <u>tes lunettes de soleil</u>, parce que <u>le soleil brille</u>.

d Avec mon père, on va faire du ski de montagne et peut-être aussi <u>du rafting</u>. Le soir, on va <u>manger dans les restos</u>. Il te faut ton appareil-photo aussi.

À bientôt!
Franck

a Franck says what is going to happen and where they are going to go. He shows he can refer to the future. He adds a simple opinion – **ce sera génial**. What other opinions can you think of?
b Franck gives an example of an activity they are going to do and says what he would like to do. He also shows that he can use the past tense. Translate the last sentence of this section into English.
c Franck talks about the weather. Which other weather expressions do you know? He says what Étienne will need to bring with him.
d Franck talks about other possible activities and sets out the programme for the evenings. What other evening activities have you come across in *Avance! 3*?

3 Écrivez!

Regarde les pages 58–59. Tu trouveras beaucoup d'informations sur la Guadeloupe et la Martinique. Change l'e-mail de Franck en changeant les détails soulignés comme si tu allais visiter la Guadeloupe ou la Martinique.

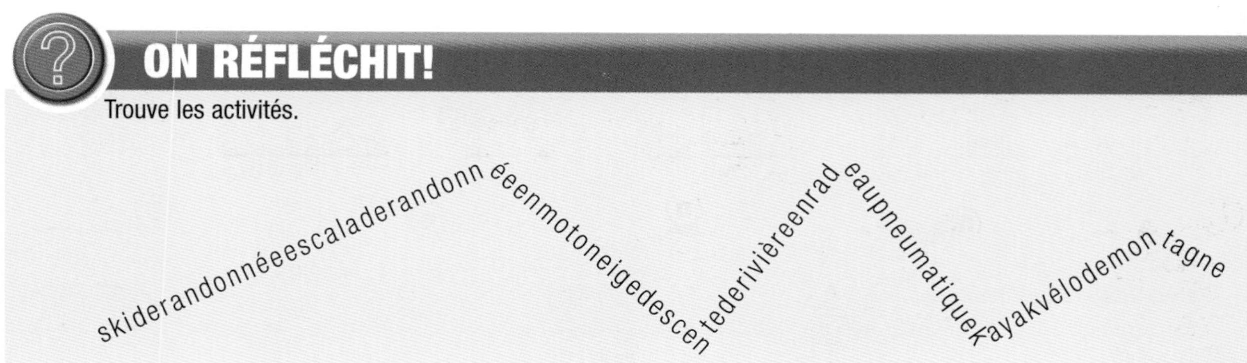

On part au Québec: le grand quiz!

Learning objective

- You will revise vocabulary and structures you have learnt this year

Lisez et discutez!

Travaillez par groupe de quatre personnes.
Vous visitez le Québec ensemble. Formulez des réponses à ces questions en cherchant dans les unités indiquées d'*Avance! 3*.

1 You meet some friendly young Québecois in a café. Ask them:

* How old they are.
* Where they were born.
* When their birthday is.

(Unit 1)

2 They ask where you normally spend your holidays. Say:

* You go to Tunisia with your family.
* You spend your holidays at the seaside.
* You stay in a hotel in town.
* Give an opinion.

(Unit 2)

3 Then they ask what you did last summer. Say:

* You went to Jamaica with your family.
* You travelled by plane.
* You spent a week there.

(Unit 3)

4 They ask you about Paris.

* Tell them the names of four famous monuments and give a detail for each monument.

(Unit 3)

5 One of you lives in the country. Say:

- You don't like living there.
- There's nothing to do.
- You don't like the peace and quiet.

(Unit 4)

6 You start talking about television.

- Each of you must say what type of programme you like and give an opinion.

(Unit 5)

7 One of the Québecois notices your mobile phone. Say:

- It's essential.
- You use it every day.
- You'd be lost without it.

(Unit 4)

8 One of you is looking rather unwell. One of your new friends asks you what the matter is. Say:

- You went skiing yesterday.
- You are tired and hungry.
- You are cold and your back hurts.

(Unit 1)

9 Your friends ask you what you'd like to do tomorrow. Say:

- You'd like to go to Montreal.
- You'd like to see the Olympic Stadium.
- You'd also like to see the old town and go on a river cruise.

(Unit 6)

Écoutez!

1. Écoute bien ces cinq conversations chez le médecin. Réponds aux questions a à d pour chaque conversation. Choisis une réponse de la boîte et ajoute d'autres détails si nécessaire.

a. Problème? b. Depuis quand?
c. Qu'est-ce qui s'est passé? d. Remède?

a. mal au dos, je tousse, mal à la tête, mal aux yeux, la grippe, mal à la jambe, mal au ventre, mal au bras

b. hier, dimanche, deux jours, samedi, ce matin, hier soir, le week-end dernier, trois jours

c.

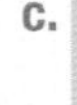

1 

2 

3 

4 

5 

6 

d.

1 

2 

3 

4 

5 

6 

2. Écoute Félix qui parle de sa vie et de ses résolutions. Écris des notes en français.

Normalement: … L'année dernière: … Mes résolutions: …

Lisez!

3. Lis cet article.

VOUS ÊTES EN BONNE SANTÉ?

Nous avons posé des questions sur la santé. Voici les réponses.

Fatima: Je fais beaucoup de sport, comme la natation et le basket. Je mange des fruits et je bois beaucoup d'eau. Hier, c'était mon anniversaire et j'ai mangé trop de frites et j'ai bu trop de coca.

Patrick: Je me couche très tard parce que je passe trop de temps devant l'ordinateur. Je prends toujours la voiture ou le bus, alors je ne fais pas assez d'exercice. Je vais aller plus souvent à la salle de gym. C'est nécessaire!

Hélène: Je mange bien: du poisson, du poulet, des légumes, et je vais à un cours d'aérobic. Mon seul problème: je fume trop. Cette semaine, j'ai fumé beaucoup parce que j'étais très stressée au travail. Je vais arrêter. C'est sûr!

Laurent: Normalement, je fais attention à mon bien-être mais en hiver quand il fait froid et noir, je suis quelquefois déprimé. Je mange trop de sucreries et je reste à la maison. En été, je suis plus sportif – je fais du vélo et je mange souvent de la salade. En hiver, l'année prochaine, je vais faire plus de sport et manger plus de fruits.

Make notes for each person under the following headings where they apply:

- lifestyle
- eating and drinking habits
- recent actions (e.g. yesterday, this week)
- resolutions.

Parlez!

1. Travaille avec un(e) partenaire. Réalisez une interview. La personne A pose les questions, la personne B répond.

A – Quel âge as-tu?
B – J'ai …
A – Et où habites-tu?
B – J'habite à …
A – Qu'est-ce que tu aimes faire?
B – J'aime … parce que c'est …
A – Et qu'est-ce que tu n'aimes pas faire?
B – Je n'aime pas … parce que c'est …
A – Qu'est-ce que vous avez fait hier à *l'École des Stars?*
B – Nous avons/J'ai … C'était …

J'aime Je n'aime pas	aller/faire/manger/danser/écouter/regarder/jouer/acheter/téléphoner …
Nous avons J'ai	mangé/dansé/écouté/regardé/fait/joué/acheté/téléphoné …
Je suis allé(e)	…
C'est C'était	intéressant/fantastique/cool/génial/amusant/super/ennuyeux/nul/moche/bête

2. Réponds à ces questions sur les vacances.

a. Où vas-tu en vacances normalement? — Normalement, je vais …
b. Où est-tu allé(e) en vacances l'année dernière? — L'année dernière, je suis allé(e) en/au/ à …
c. Comment as-tu voyagé? — Nous sommes allé(e)s en …
d. Où es-tu resté(e)? — Je suis resté(e) dans …
e. Qu'est-ce que tu as fait? — J'ai/Nous avons … Je suis allé(e)/Nous sommes allé(e)s …
f. C'était comment? — C'était …
g. Et l'année prochaine? — Je voudrais aller en/au/à …

Écrivez!

3. Écris un e-mail comme celui-ci. Change des détails – le temps, les activités, etc. Voici des idées:

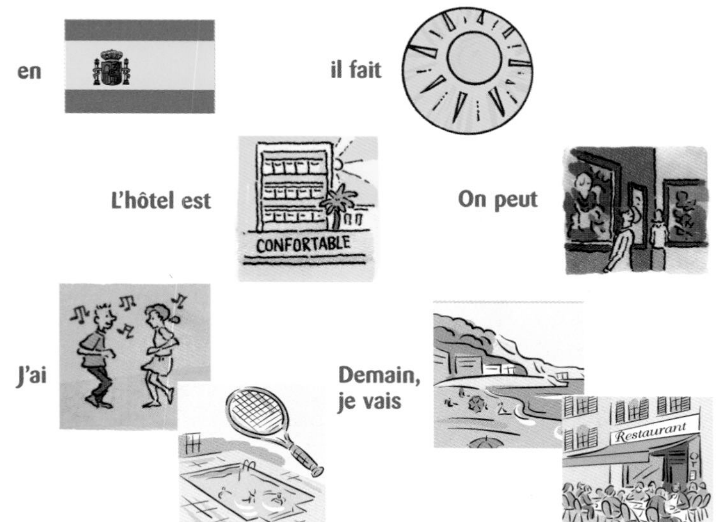

Salut! Ça va?

Je suis en vacances en France. Je m'amuse bien et il fait beau. L'hôtel est petit mais très moderne et il y a beaucoup de choses à faire. On peut aller à la plage ou faire les magasins.

Hier, j'ai visité des monuments historiques et j'ai nagé dans la mer. C'était formidable! Le soir nous sommes allés au cinéma. Nous avons mangé dans un restaurant - c'était délicieux.

Demain, je vais aller au parc d'attractions et ensuite aller en ville. Ce sera super parce que j'adore faire les magasins.

À bientôt!

4. Décris un week-end à *l'École des Stars*. Qu'est-ce que tu fais normalement? C'est comment? Qu'est-ce que tu as fait hier? C'était comment? Et demain?

Écoutez!

1a. **Écoute bien. Écris 1 à 4 et choisis le bon dessin.**

a 
b 
c 
d 

1b. **Écoute encore une fois. Écris si chaque personne aime**  **ou n'aime pas**  **ces vacances.**

2. **Écoute Aliya. Pour chaque activité, choisis le bon dessin et écris si elle fait l'activité normalement (N) ou si elle l'a faite une fois dans le passé (P).**

Exemple: *e. N*

a 
b 
c 
d 
e 
f 

3. **Écoute la conversation. Sohib parle de ses vacances. Note en français les points forts. Ensuite, note en français des détails supplémentaires.**

Exemple:

Points forts	Détails
Il est allé au Québec.	*à Montréal*

Lisez!

4. **Lis cet article. Recopie et complète la grille.**

Voici Caro. C'est une jeune rappeuse française. Voici ce qu'elle dit sur ses vacances:

Quand j'étais jeune, je passais les vacances chez moi dans la banlieue de Paris, mais il y a cinq ans je suis allée à Nice pour rendre visite à mes grands-parents qui habitent là-bas. C'était super! Je suis allée à la plage presque tous les jours et j'ai nagé dans la mer. Je me suis très bien amusée! J'ai passé des heures sur les terrasses des cafés en regardant les gens!

Maintenant que je suis célèbre, je passe mes vacances à l'étranger – j'aime aller à la Guadeloupe. D'habitude, je loge dans un hôtel et je fais des sports nautiques ou je me promène à la campagne. J'aime les vacances actives parce que ça me détend.

Cet été je resterai en France pour enregistrer mon nouvel album, mais peut-être que j'irai en Espagne pour un week-end. J'ai un copain espagnol et il m'a invité à passer quelques jours chez lui à Madrid. Ce sera bien. Je ferai du shopping et je visiterai des musées de peinture. J'adore la mode et la peinture!

Quand?	Où?	Logement?	Activités?	Opinion?
Il y a cinq ans				

Parlez!

1. Tu as fait du shopping le week-end dernier. Raconte!

Level 3
- Say you went shopping last weekend.
- Say what you bought.

Level 4
As level 3 plus:
- Say how much you paid for each item.
- Give your opinion of each item.

Level 5
As level 4 plus:
- Say where you plan to go shopping this weekend and what you'll buy.

Level 6
As level 5 plus:
- Say how often you normally go shopping and say what you might buy on a shopping trip.
- Give your opinion of the shopping facilities in your town and say what could be done to improve them.

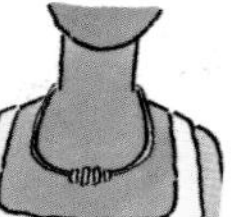
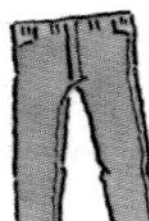

Écrivez!

2. Écris un article pour un magazine. Voici le titre:
Habiter en ville ou à la campagne – qu'est-ce que tu préfères?

- Décris ta ville/ ton village.
- Donne ton opinion sur la vie en ville.
- Donne ton opinion sur la vie à la campagne.
- Écris une description d'une visite récente en ville ou à la campagne.
- Comment améliorer ta ville ou ton village? Fais des suggestions.

Écoutez!

1a. Écoute bien. Écris 1 à 6. On décrit quelle émission de télé?

a

b

c

d

e

f

1b. Écoute encore une fois. Écris si chaque personne aime le genre d'émission 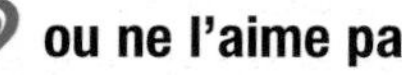 **ou ne l'aime pas** **.**

1c. Écris une liste des 'sandwichs négatifs' que tu entends.

2. Écoute Dalla. Recopie et complète la grille.

Personne	Personnalité avant	Personnalité maintenant	Détails
sœur			

Lisez!

3a. Lis cet article. Décide si chaque personne est pour la télé, contre la télé ou entre les deux opinions.

LA TÉLÉ: POUR OU CONTRE?

Romain: J'aime regarder la télé. Je pense que ça informe et ça stimule. Je préfère regarder les documentaires et les actualités. Cependant, je pense que les publicités sont bêtes et parfois sexistes. De plus, quand on regarde la télé on est trop passif.

Chloé: Je n'aime pas regarder la télé, ou bien je la regarde rarement. Il y a trop de violence à la télé: quand on regarde les actualités, on ne voit que des images sur la violence ou des catastrophes.

Jean-Baptiste: J'aime bien regarder la télé. J'adore regarder les séries comiques et les dessins animés. Ça me détend. Quelquefois je fais mes devoirs devant la télé, mais je ne l'écoute pas vraiment.

3b. Lis l'opinion et écris le bon prénom.

a) La télé est éducative.

b) La télé est trop violente.

c) Les informations ne sont pas optimistes.

d) Je regarde la télé pour m'amuser.

e) Je ne regarde presque jamais la télé.

f) La publicité est stupide.

Parlez!

1. Réserve une chambre dans un hôtel.

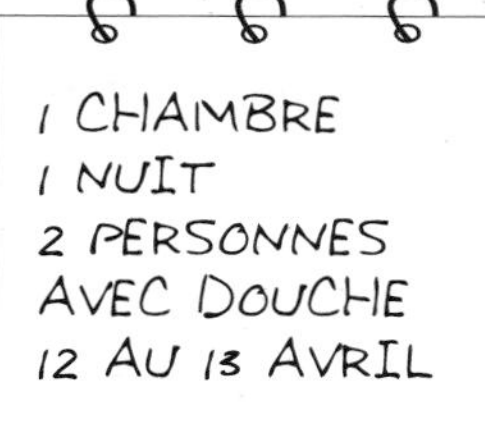

1 CHAMBRE
1 NUIT
2 PERSONNES
AVEC DOUCHE
12 AU 13 AVRIL

2. Regarde ces notes au sujet d'un séjour à Montréal. Fais une présentation orale à partir de ces détails. Fais attention aux temps des verbes!

Séjour à Montréal
Hier
- la Vieille Ville
- le Vieux-Port
- une croisière sur le fleuve

Demain
- le Stade Olympique
- le parc Jean-Drapeau
- du shopping en ville

Demain soir
- manger au resto

Écrivez!

3. Fais une liste du matériel qui est essentiel pour faire du camping. (10 objets)

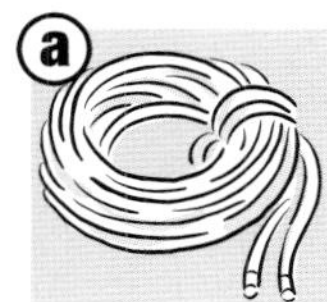

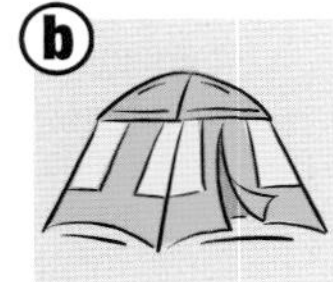

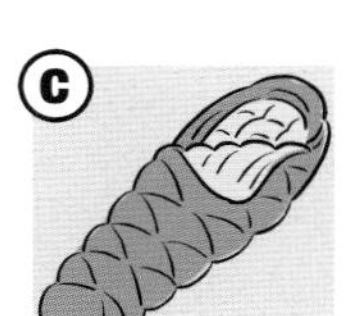

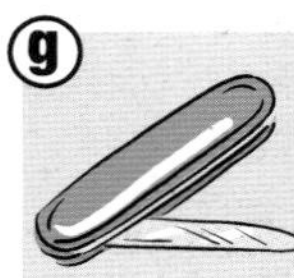

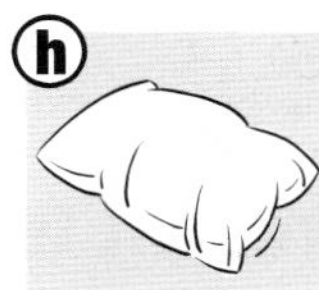

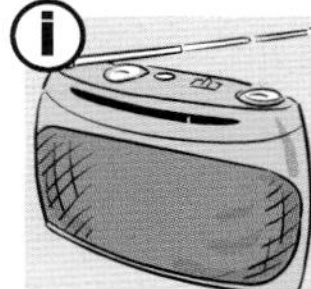

4. Écris un e-mail pour inviter un copain/une copine à partir en vacances avec toi.

- Choisis une destination.
- Dis quelles activités vous allez faire ensemble.
- Mentionne ce que vous allez faire le soir.
- Dis quel temps il va faire et quels vêtements ton copain/ta copine doit apporter.

Grammaire

The present tense – useful irregular verbs

Remember, **tu** is used if you are talking to one friend, **vous** is plural or polite!

avoir	to have	être	to be	aller	to go	faire	to do/make
j'ai	I have	je suis	I am	je vais	I go	je fais	I do/make
tu as	you have	tu es	you are	tu vas	you go	tu fais	you do/make
il a	he has	il est	he is	il va	he goes	il fait	he does/makes
elle a	she has	elle est	she is	elle va	she goes	elle fait	she does/makes
on a	one has	on est	one is	on va	one goes	on fait	one does/makes
nous avons	we have	nous sommes	we are	nous allons	we go	nous faisons	we do/make
vous avez	you have	vous êtes	you are	vous allez	you go	vous faites	you do/make
ils ont	they *(m)* have	ils sont	they *(m)* are	ils vont	they *(m)* go	ils font	they *(m)* do/make
elles ont	they *(f)* have	elles sont	they *(f)* are	elles vont	they *(f)* go	elles font	they *(f)* do/make
boire	**to drink**	**voir**	**to see**	**prendre**	**to take**	**dire**	**to say**
je bois	I drink	je vois	I see	je prends	I take	je dis	I say
tu bois	you drink	tu vois	you see	tu prends	you take	tu dis	you say
il boit	he drinks	il voit	he sees	il prend	he takes	il dit	he says
elle boit	she drinks	elle voit	she sees	elle prend	she takes	elle dit	she says
on boit	one drinks	on voit	one sees	on prend	one takes	on dit	one says
nous buvons	we drink	nous voyons	we see	nous prenons	we take	nous disons	we say
vous buvez	you drink	vous voyez	you see	vous prenez	you take	vous dites	you say
ils boivent	they *(m)* drink	ils voient	they *(m)* see	ils prennent	they *(m)* take	ils disent	they *(m)* say
elles boivent	they *(f)* drink	elles voient	they *(f)* see	elles prennent	they *(f)* take	elles disent	they *(f)* say
sortir	**to go out**	**vouloir**	**to want**	**pouvoir**	**to be able**	**devoir**	**to have to**
je sors	I go out	je veux	I want	je peux	I can	je dois	I have to
tu sors	you go out	tu veux	you want	tu peux	you can	tu dois	you have to
il sort	he goes out	il veut	he wants	il peut	he can	il doit	he has to
elle sort	she goes out	elle veut	she wants	elle peut	she can	elle doit	she has to
nous sortons	we go out	on veut	one wants	on peut	one can	on doit	one has to
vous sortez	you go out	nous voulons	we want	nous pouvons	we can	nous devons	we have to
ils sortent	they *(m)* go out	vous voulez	you want	vous pouvez	you can	vous devez	you have to
elles sortent	they(f) go out	ils veulent	they (m) want	ils peuvent	they *(m)* can	ils doivent	they *(m)* have to
		elles veulent	they (f) want	elles peuvent	they *(f)* can	elles doivent	they *(f)* have to

The present tense – regular -er verbs

jouer	to play
je joue	I play
tu joues	you play
il joue	he plays
elle joue	she plays
on joue	one plays
nous jouons	we play
vous jouez	you play
ils jouent	they *(m)* play
elles jouent	they *(f)* play

The present tense – regular -ir verbs

finir	to finish
je finis	I finish
tu finis	you finish
il finit	he finishes
elle finit	she finishes
on finit	one finishes
nous finissons	we finish
vous finissez	you finish
ils finissent	they *(m)* finish
elles finissent	they *(f)* finish

The present tense – regular -re verbs

répondre	to reply
je réponds	I answer
tu réponds	you answer
il répond	he answers
elle répond	she answers
on répond	one answers
nous répondons	we answer
vous répondez	you answer
ils répondent	they *(m)* answer
elles répondent	they *(f)* answer

The present tense – reflexive verbs

se réveiller	to wake up
je me réveille	I wake up
tu te réveilles	you wake up
il se réveille	he wakes up
elle se réveille	she wakes up
on se réveille	one wakes up
nous nous réveillons	we wake up
vous vous réveillez	you wake up
ils se réveillent	they *(m)* wake up
elles se réveillent	they *(f)* wake up

Most reflexive verbs end in **-er**. The reflexive pronoun changes according to who is doing the action.

The imperative

The imperative is used when giving instructions. There are two forms of the imperative.

The **tu** form is used when talking to one friend.

Écoute!	Listen!	Écris	Write!
Continue!	Continue!	Prends	Take!

With verbs which end in **-er**, the imperative in the **tu** form drops the final **s**.

The **vous** form is used when talking to lots of people or when being polite to one person.

Écoutez	Listen!	Écrivez	Listen!
Continuez!	Continue!	Prenez!	Take!

The immediate future

To say what is going to happen, use the correct part of **aller** followed by the infinitive of the action which is going to happen.

Je vais faire Tu vas jouer Il va manger Elle va choisir On va regarder	I'm going to do You're going to play He's going to eat She's going to choose One is going to watch	Nous allons sortir Vous allez prendre Ils vont porter Elles vont boire	We're going to go out You're going to take They're *(m)* going to wear They're *(f)* going to drink

The future tense

To form the future tense, take the infinitive and add on the correct ending:

je rester**ai** tu rester**as** il rester**a** elle rester**a** on rester**a**	I will stay you will stay he will stay she will stay one will stay	nous rester**ons** vous rester**ez** ils rester**ont** elles rester**ont**	we will stay you will stay they *(m)* will stay they *(f)* will stay

Some verbs are irregular and they form the future tense slightly differently. The same endings are used but the stem is irregular:

aller	→	j'**ir**ai	avoir	→	j'**aur**ai
faire	→	je **fer**ai	être	→	je **ser**ai

Si (If) with the future tense

If what you are going to do in the future is dependent on other events (like the weather), use this structure:

si + present tense + **future tense**
(the possibility) (the future action)

Si	la voiture tombe en panne,	nous ferons du shopping.	If the car breaks down, we'll go shopping.
S'	il fait froid,	nous irons au parc d'attractions.	If it's cold, we'll go to the theme park.
S'	il fait chaud,	nous irons à la plage.	If it's hot, we'll go to the beach.

The conditional tense

You translate the conditional using 'would' in English. To form the conditional, take the future stem (usually the infinitive form of the verb) and add these endings:

visiter **to visit**
(future stem = visiter)

je visiter**ais** tu visiter**ais** il visiter**ait** elle visiter**ait** on visiter**ait**	I would visit you would visit he would visit she would visit one would visit	nous visiter**ions** vous visiter**iez** ils visiter**aient** elles visiter**aient**	we would visit you would visit they *(m)* would visit they *(f)* would visit

The perfect tense

The perfect tense with avoir

To say what happened in the past:

1. Choose the correct part of **avoir**	J'**ai**
2. Add the past participle	mang**é**
3. To end up with	J'**ai** mang**é**

To create the past participle of regular verbs, follow these steps:

	-er verbs	**-ir verbs**	**-re verbs**
1. Take the infinitive	mang**er**	fin**ir**	vend**re**
2. Take off the ending	mang	fin	vend
3. Add the correct new ending	mang**é**	fin**i**	vend**u**

Here is a complete list of a regular **-er** verb:

j'ai regardé	I (have) watched	nous avons regardé	we (have) watched
tu as regardé	you (have) watched	vous avez regardé	you (have) watched
il a regardé	he (has) watched	ils ont regardé	they *(m)* (have) watched
elle a regardé	she (has) watched	elles ont regardé	they *(f)* (have) watched
on a regardé	one (has) watched		

Irregular verbs

Some irregular verbs form their past participles in a different way:

boire	j'ai **bu**	I have drunk / I drank	vivre	j'ai **vécu**	I have lived / I lived
voir	j'ai **vu**	I have seen / I saw	avoir	j'ai **eu**	I have had / I had
lire	j'ai **lu**	I have read / I read	être	j'ai **été**	I have been / I was
dire	j'ai **dit**	I have said / I said	faire	j'ai **fait**	I have done / I did
prendre	j'ai **pris**	I have taken / I took			

The perfect tense with être

Thirteen verbs form their perfect tense using **être** instead of **avoir**. Here is an example with the verb **aller** (to go):

je suis allé(e)	I went	nous sommes allé(e)**s**	we went
tu es allé(e)	you went	vous êtes allé(es)	you went
il est allé	he went	ils sont allé**s**	they *(m)* went
elle est allé**e**	she went	elles sont allé**es**	they *(f)* went
on est allé(e)**s**	one went		

Note that the past participle must agree with the subject. For example, a girl talking about where she went, would write: je suis allé**e**.

The other verbs which take **être** can be remembered using the expression 'Mrs Van der Tramp'. Here they are with their meaning and past participle:

monter	monté	to go up
rentrer	rentré	to return
sortir	sortir	to go out
venir	venu	to come
aller	allé	to go
naître	né	to be born
descendre	descendu	to go down
entrer	entré	to enter, go in
retourner	retourné	to return, go back
tomber	tombé	to fall
rester	resté	to stay
arriver	arrivé	to arrive
mourir	mort	to die
partir	parti	to leave

Some forms of the imperfect tense

C'était (it was) is used when giving an opinion:
C'était ennuyeux! **C'était** fantastique!
When talking about the past, use the perfect tense to talk about completed actions and the imperfect tense to describe things. You can also use the imperfect to describe what someone used to be like. Here is the verb **être** in the imperfect tense:

j'étais	I was / I used to be
tu étais	you were / you used to be
il était	he was / he used to be
elle était	she was / she used to be
on était	one was / one used to be
nous étions	we were / we used to be
vous étiez	you were/ you used to be
ils étaient	they (m) were / they used to be
elles étaient	they (f) were / they used to be

You also use the imperfect to describe how someone was feeling:

Jay **était** furieux.
Gabrielle **avait** faim.

You have also met the imperfect forms of **vouloir** and **pouvoir** followed by the infinitive:

Je **pouvais arrêter** de fumer. I could stop smoking.

Two verbs together

Je **voulais prendre** le bus. I wanted to catch the bus.
When two verbs appear together in a sentence, the second is in the infinitive. This happens, for example, with the verbs **pouvoir** (to be able to) and **devoir** (to have to):

Je dois **faire** mes devoirs. I have to do my homework.
Tu dois **aller** à l'hôpital. You have to go to hospital.
Je peux **aller** au cinéma? Can I go to the cinema?

The phrase **il faut** (it is necessary to / you must) is also followed by the infinitive:
Il faut **rester** au lit. You must stay in bed.

Articles and possessive adjectives

	Masculine singular	Feminine singular	Plural
the	le garçon/l'éléphant	la fille/l'école	les parents
a	un crayon	une gomme	des (some) stylos
my	mon frère	ma soeur	mes amis
your	ton père	ta mère	tes professeurs
his/her	son grand-père	sa grand-mère	ses parents
this/these	ce pull/cet anorak	cette robe	ces baskets

Some

The word for 'some' changes according to whether the item is masculine, feminine, begins with a vowel or is plural.

	Masculine singular	Feminine singular	Plural
some	du pain	de la viande	des bonbons
	(word begins with a vowel)		
	de l'oignon	de l'eau	

Adjectives

Most adjectives follow this pattern:

Masculine singular	Feminine singular	Masculine plural	Feminine plural
grand	grand**e**	grand**s**	grand**es**
intelligent	intelligent**e**	intelligent**s**	intelligent**es**
fatigué	fatigué**e**	fatigué**s**	fatigué**es**

They add an 'e' for feminine, an 's' for masculine plural and an 'es' for feminine plural.

Note that some adjectives don't have to change at all in the feminine if the masculine adjective already ends in an 'e':
Il est calme. (*ms*) Elle est calme. (*fs*)

Some exceptions

Masculine singular	Feminine singular	Masculine plural	Feminine plural
indien	indien**ne**	indien**s**	indien**nes**
anglais	anglais**e**	anglais	anglais**es**
beau	be**lle**	beau**x**	be**lles**
nouveau	nouve**lle**	nouveau**x**	nouve**lles**
blanc	blanc**he**	blanc**s**	blanc**hes**
bon	bon**ne**	bon**s**	bon**nes**
heureux	heureu**se**	heureu**x**	heureu**ses**
travailleur	travailleu**se**	travailleur**s**	travailleu**ses**
vieux	vie**ille**	vieux	vie**illes**

à

The word **à** means 'to', 'at' or 'in'. The word for 'the' in the masculine (**le**) and plural (**les**) forms changes after **à**:

au cinéma — to / at the cinema
à la piscine — to / at the swimming pool
à l'opéra — to / at the opera
aux magasins — to / at the shops

It is also used in certain expressions, such as **mal à**, and follows the same rule:
mal **au** dos, mal à la jambe, mal à l'oreille, mal **aux** pieds

Adverbs

An adverb is a word which describes a verb:
He eats **quickly.** She sings **happily.**
Lots of adverbs in English end in '–ly'. In French, they often end in **–ment:**
Il mange **rapidement**. Elle chante **heureusement**.
When using an adverb to describe how an action is done, it usually goes after the verb.
To form the adverb, take the feminine singular form of the adjective of the same family and simply add **–ment:**
furieux → furieuse → furieuse**ment**
If the masculine singular form of the adjective ends in a vowel, simply add **–ment:**
poli → **poliment**

qui/que

You use **qui** to join two parts of a sentence together:

J'ai un frère **qui** a 16 ans. — I have a brother who is 16.
C'est une comédie **qui** passe à 19 heures. — It's a comedy which is on at 7pm.

You can also use **que** to join two parts of a sentence together:

C'est un jeu → que j'aime bien.
It's a game show which I really like.
C'est un documentaire → que je regarde souvent.
It's a documentary which I often watch.

Both **qui** and **que** can be translated as 'who(m)' or 'which'. To decide whether to use **qui** or **que**, follow this easy rule:

Que is always followed by a person or pronoun such as **je**.

Qui is always followed by a verb.

Negatives

To make a verb negative, you have to sandwich **ne** … **pas** around it.

Je **ne** suis **pas.** — I am not.
Je **ne** joue **pas.** — I am not playing.

If ne is followed by a vowel or an 'h' it becomes **n'**.

Je **n'**ai **pas** onze ans. J'ai douze ans. — I'm not eleven. I'm twelve.
Je **n'**habite **pas** à Paris. J'habite à Perpignan. — I don't live in Paris. I live in Perpignan.

Other negatives include:

ne ... rien	nothing
ne ... jamais	never
ne… personne	nobody
ne … plus	no longer / no more

They behave in the same way as **ne ... pas**.

Il n'y a **personne** dans la rue. — There's nobody in the street.
Je **ne** vais **plus** au cinéma. — I don't go to the cinema any more.

The comparative and the superlative

The comparative

You can compare two things by using **plus** (more) and **moins** (less) with **que**:

Le train est **plus** confortable **que** la voiture. — The train is **more** comfortable than the car.
Le vélo est **moins** cher **que** l'avion. — The cycle is **less** expensive than the plane.

The superlative

If you want to say something is 'the most …' or 'the least …', use **le** plus and **le** moins. Remember that the noun needs to come first and the adjective still has to agree with the noun:

Masculine	Feminine	Plural
le musée **le** plus grand	la tour **la** plus haute	les égouts **les** plus célèbres

Here are some examples in full sentences:

Le train est le moyen de transport **le plus** confortable. — The train is **the most** comfortable method of transport.
Le vélo est le moyen de transport **le moins** cher. — The cycle is **the least** expensive method of transport.

Direct object pronouns

Object pronouns replace a noun which has already been mentioned. They go directly before the verb. They change according to whether the noun is masculine, feminine or plural.

Masculine singular	Feminine singular	Plural
le	la	les

Merci pour **le chapeau**.
Je **le** porte tous les jours.

Remember: change **le** or **la** to **l'** if the verb begins with a vowel or an 'h'.
When using direct object pronouns in the perfect tense, the past participle must agree with the direct object pronoun:

X l'a inventé. X invented it. (*where the thing invented was masculine singular*)
X l'a inventée. X invented it. (*where the thing invented was feminine singular*)
X les a inventés. X invented it. (*where the thing invented was masculine plural*)
X les a inventées. X invented it. (*where the thing invented was feminine plural*)

y

The word **y** means 'there'. It goes between the subject pronoun and the verb:

On **y** trouve des monuments. We find monuments **there**.
On **y** parle français. They speak French **there**.

Here are some other common phrases that use **y:**

On y va! Let's go!
Il y a… There is / There are…
J'y vais. I'm going (there).

Asking questions

You can ask a question in different ways:

a. by starting with the question word and turning the verb round:

Où habites-tu? Where do you live?
Comment t'appelles-tu? What are you called?

b. by using your voice (intonation) and making the question go up at the end of the sentence:

Tu habites **où**? Where do you live?
Tu t'appelles **comment**? What's your name?

c. by using **Est-ce que..?**:

Est-ce que tu fais la vaisselle? Do you do the washing up?
Est-ce que tu as une soeur? Do you have a sister?

Question words

Comment…? What/how?
Quel(s)…? / Quelle(s)…? How/what/which?
Où…? Where?
Quand…? When?
Que / Qu'est-ce que…? What?
Pourquoi? Why?

Vocabulaire
Français/Anglais

A

l'	**accident de la route** *(m)*	road accident
l'	**accro** *(m)*	addict
les	**actualités** *(f pl)*	news
l'	**agent de police** *(m)*	policeman/woman
s'	**agir (de)**	to be about
	agréable	pleasant
	agressif(-ve)	aggressive
l'	**alcool** *(m)*	alcohol
l'	**alibi** *(m)*	alibi
	aller mal	to go badly
	allumer	to light
l'	**ambiance** *(f)*	atmosphere
	ambitieux(-se)	ambitious
l'	**ambition** *(f)*	ambition
	améliorer	to improve
l'	**amour** *(m)*	love
	amusant(e)	funny
s'	**amuser**	to have fun
	ancien(ne)	ancient *(after noun)*
	animé(e)	lively
l'	**appareil** *(m)*	handset
l'	**appareil numérique** *(m)*	digital camera
l'	**appartement** *(m)*	flat
	appliquer	put on, apply
	apprendre	to learn
l'	**approche** *(f)*	approach
	à propos de	about
l'	**araignée** *(f)*	spider
l'	**arbre** *(m)*	tree
	arrêter (de)	to stop
l'	**arrivée** *(f)*	arrival
	attirer	to attract
	attraper	to catch
	au bout de	at the end of, after
	au niveau de	regarding
l'	**auberge de jeunesse** *(f)*	youth hostel
	aucun(e)…	not a..
	aujourd'hui	today
	autour de	around
	avant	before
en	**avion**	by plane
	avoir chaud	to be hot
	avoir faim	to be hungry
	avoir froid	to be cold
	avoir honte	to be ashamed
	avoir le droit (de)	to have the right (to)
	avoir mal à	to hurt
	avoir peur	to be afraid
	avoir soif	to be thirsty

B

la	**bague**	ring
la	**baignade**	swimming
le	**bain tourbillon**	jacuzzi
	baisser	to lower
le	**baladeur CD**	CD walkman
la	**banlieue**	suburbs
	barbant(e)	dull
le	**batîment**	building
	beau/belle	handsome/beautiful
	beaucoup (de)	lots of
	bête	stupid
	bizarre	strange
	blessé(e)	wounded
	boire	to drink
la	**boîte de nuit**	night club
la	**bouche**	mouth
	bouger	to move
le	**bras**	arm
	briller	to shine
la	**brosse**	brush
le	**bruit**	noise
	brûler	to burn
	bruyant(e)	noisy
le	**bureau**	office

C

	ça m'ennuie	it bores me
la	**cabane dans les bois**	log cabin
	calme	calm
le	**camping**	campsite
	car	for, because
le	**car**	coach
la	**carapace**	shell
la	**caravane**	caravan
la	**carrière**	career
la	**casquette**	cap
se	**casser le bras / la jambe**	to break one's arm / leg
	célèbre	famous
les	**cendres** *(f pl)*	ash
le	**cendrier**	ashtray
le	**centre de recyclage**	recycling centre
	cependant	however
le	**certificat médical**	medical certificate
la	**chaîne de télévision**	television channel
	chaleureux(-euse)	warm
la	**chambre**	room
le	**championnat**	championship
la	**chance**	luck
la	**chanson**	song
	chanter	to sing
	chanter/danser bien	to sing/dance well
la	**chasse**	hunting
le	**chauffeur**	driver
la	**chemise longue**	long shirt
	choquant(e)	shocking
le	**climat**	climate
le	**club de jeunes**	youth club
se	**coiffer**	to do one's hair
le	**collier**	necklace
la	**colonie de vacances**	holiday camp
	combien?	how much?
le	**commissariat de police**	police station
	compter	to count, include
le	**concours**	contest
	conçu(e)	conceived
	conduire une voiture	to drive a car
	confortable	comfortable
la	**console**	console
	consommer (avec modération)	to consume (in moderation)
la	**consonne**	consonant
	constamment	constantly
	construire	to build
	convivial(e)	convivial
le	**corps**	body
le	**coup de soleil**	sunstroke
	coupable	guilty
le	**cours d'aérobic**	aerobics class
	craquer	to crack up
la	**crème après-soleil**	after-sun cream
la	**croisière**	cruise
la	**cuiller**	spoon
	culturel(le)	cultural

D

	d'abord	first of all
	dangereux(-se)	dangerous
la	**date**	date
le	**début**	start, beginning
	décourageant(e)	discouraging
	décourager	to discourage
	découvrir	discover

la	**demi-sœur**	half sister
les	**dents** *(f pl)*	teeth
le	**départ**	departure
	déplâtrer	to take a plaster off
le	**dépliant**	leaflet
	déposer	to leave
	depuis	since
les	**dernières nouvelles** *(f pl)*	the latest news
	descendre	to descend, come down
le	**dessin**	drawing
le	**dessin animé**	cartoon
	dessiner	to design, draw
le	**destin**	destiny
	devant	in front of
	devenir	to become
se	**disputer**	to have an argument
les	**distractions** *(f pl)*	leisure activities, entertainment
	donner	to give
	dormir	to sleep
le	**dortoir**	dormitory
le	**dos**	back
	doté(e) (de)	equipped, endowed (with)
la	**douche**	shower
	droitier(-ière)	right-handed
	drôle	funny
	dynamique	dynamic

E

l'	**eau potable** *(f)*	drinking water
l'	**écriture** *(f)*	writing
l'	**écran** *(m)*	screen
	éducatif(-ve)	educational
les	**effets spéciaux** *(m pl)*	special effects
	effrayant(e)	scary
	également	equally
s'	**éloigner**	to move away
l'	**émission** *(f)*	TV programme
	en bonne santé	in good health
	en ce qui concerne	concerning
	en général	in general
	encourager	to encourage
l'	**ennemi** *(m)*	enemy
	ennuyeux(-euse)	boring
	énormément de	many
	en plus	what's more
	enregistrer	to record
	enrhumé(e)	to have a cold
	ensemble	together
	ensuite	then
s'	**entraîner**	to train
	envoyer	to send
	épouser	to marry
l'	**équipe** *(f)*	team
l'	**escalade** *(f)*	climbing
l'	**esclavage** *(m)*	slavery
	essentiel(le)	essential
	estival(e)	summer
l'	**été** *(m)*	summer
	être de mauvaise humeur	to be in a bad mood
	être fort *(en)*	to be good (at)
	étudier	to study
l'	**exemplaire** *(m)*	copy
l'	**expérience** *(f)*	experience
l'	**exposition** *(f)*	exhibition

F

	fâché(e)	angry
la	**façon**	way, means
	faire	to do, make
se	**faire bronzer**	to sunbathe
	faire de la musculation	to do weight training
	faire la fête	to party
	faire la grasse matinée	to have a lie in
	faire la lessive	to do the washing
	faire la vaisselle	to do the washing up
	faire le ménage	to do the housework
se	**faire mal**	to hurt oneself
	faire partie de	to be part of
	fatigant(e)	tiring
	fatigué(e)	tired
il	**faut**	you/one must
la	**femme**	woman
la	**femme de chambre**	chamber maid
la	**fête**	party
le	**feuilleton**	soap opera
les	**feux d'artifice** *(m pl)*	fireworks
la	**fièvre**	fever
le	**fils**	son
la	**fleur**	flower
	flipper	to freak out
le	**fond d'écran**	screen saver
la	**forêt**	forest
en	**forme**	fit
	fortifié(e)	fortified
le	**foulard**	scarf
	fréquenter	to go to
la	**fumée**	smoke
	fumer	to smoke

G

	gagner	to win
le	**gant**	gloves
le	**garçon**	boy
les	**gens** *(m pl)*	people
	gentil(-le)	kind
la	**graisse**	fat (in food)
	grandir	to grow up
la	**grippe**	flu
la	**grotte**	cave
la	**guêpe**	wasp

H

	habituel(le)	usual
	haut(e)	high, tall
l'	**hébergement** *(m)*	accommodation
	heureux(-euse)	happy
le	**hibou**	owl
l'	**hiver** *(m)*	winter
l'	**homme** *(m)*	man
l'	**homme politique** *(m)*	(male) politician
l'	**hôtel** *(m)*	hotel
l'	**hôtel de glace** *(m)*	ice hotel
l'	**huitre** *(f)*	oyster
	hyper	very

I

	il n'y a rien à …	there is nothing to …
l'	**île** *(f)*	island
	imiter	to imitate
	impoli(e)	rude
	indispensable	vital
les	**infos régionales** *(f pl)*	local news
	inventer	to invent
	isolé(e)	isolated

J

	jaloux(-se)	jealous
la	**jambe**	leg
	je trouve ça	I find it
	jeune	young
les	**jeux vidéo** *(m pl)*	video games
	joli(e)	pretty
le	**journal**	newspaper / TV news programme
la	**journée**	day
	jusqu'à	up to, until

K

le	**kayak de mer**	(sea) kayak
	klaxonner	to hoot (horn)

L

	là	there
	laisser tomber	to drop

le	**lecteur DVD**	DVD player
	lever	to lift
le	**lieu**	place
le	**lieu de naissance**	birthplace
en	**limousine**	in a limousine
la	**location**	hire
	loger	to stay in
le	**logo**	logo
	loin	far away
les	**loisirs** *(m pl)*	leisure activities
le	**loto**	lottery
la	**lumière**	light
les	**lunettes de soleil** *(f pl)*	sunglasses
	lutter	to fight
le	**luxe**	luxury
le	**lycée**	upper school

M

la	**machine à laver**	washing machine
le	**magasin**	shop
la	**main**	hand
	maintenant	now
le	**maître**	master, owner
le	**mal**	bad, evil
	malade	ill
	malheureux(-euse)	unhappy
la	**Manche**	the Channel
	manifester	to demonstrate
le	**manteau de pluie**	raincoat
le	**marché**	market
le	**mari**	husband
se	**marier (avec)**	to marry
	maritime	maritime
le	**matin**	in the morning
la	**mélodie**	melody
	même	even
le	**métier**	job
le	**micro**	microphone
	mieux	better
	moins (de)	less
le	**monde**	world, people
	montrer	to show
le	**monument historique**	historic building
	mordre	to bite
la	**morsure**	bite
	mort(e)	dead
la	**motoneige**	snowbiking
le	**moyen de transport**	method of transport
le	**musée**	museum

N

	nécessaire	necessary
	ne ... personne	no-one
	neuf(-ve)	brand new
le	**nez**	nose
le	**nom**	name
	normalement	normally
la	**nourriture**	food
les	**nouvelles** *(f pl)*	news
la	**nuit**	night
	nul(le)	rubbish
le	**numéro d'immatriculation**	number plate

O

	obéir	to obey
l'	**œil** *(m)*	eye
l'	**oeuvre** *(f)*	work of art
l'	**œuvre d'art** *(m)*	work of art
à l'	**ordinateur** *(m)*	at/on the computer
l'	**ordonnance** *(f)*	prescription
l'	**oreille** *(f)*	ear
l'	**organiseur électronique** *(m)*	electronic organiser
l'	**orphelin** *(m)*	orphan
	oublier	to forget
l'	**ours** *(m)*	bear

P

le	**palais**	palace
le	**palm**	palm organiser
	par jour	per day
	paresseux(-euse)	lazy
	parfois	sometimes
les	**paroles** *(f pl)*	words
	participer (à)	to participate
	partout	everywhere
	passer	to spend (time)
se	**passer (de)**	to do without
	passer un casting	to do an audition
	passer une journée	to spend a day
	passionnant(e)	exciting
la	**pastille**	lozenge
la	**pâtée**	dog food
les	**pâtes** *(f pl)*	pasta
la	**patte**	paw
	pauvre	poor
le	**paysage**	landscape, scenery
la	**pêche**	fishing
la	**pedale**	pedal
	peindre	to paint
la	**peinture**	painting
	pendant	during
la	**pension**	guest house
	perdre	to lose
	permettre	to allow
les	**personnages** *(m pl)*	people
la	**personne**	person
	peser	to weigh
un	**peu**	a bit, a little
	peu de	not much/many
la	**peur**	fear
la	**pharmacie**	chemist's
la	**pièce**	room
le	**pied**	foot
	piquer	to sting
la	**piscine**	swimming pool
la	**piste cyclable**	cycle path
la	**place**	space
la	**plaine fluviale**	flood plain
	plâtré(e)	in plaster
	plein de	many
	plein(e)	full
	pleurer	to cry
	plier	to fold, bend
la	**plupart**	majority
	plus	more
	plus de	more
	plutôt	rather
le	**poids**	weight
les	**poils** *(m pl)*	fur
le	**point vert**	recycling point
le	**polar**	police film
	poli(e)	polite
	pollué(e)	polluted
la	**pollution**	pollution
le	**portable**	mobile phone
le	**poste**	position
la	**poubelle**	bin
	pourtant	however
le	**pouvoir**	power
les	**pouvoirs divins** *(m pl)*	divine powers
	pratiquer	to practise
	prendre des photos	to take photos
	prendre du poids	to put on weight
	prendre forme humaine	to take human form
	presque	almost
la	**prière**	prayer
les	**prises de courant** *(f pl)*	electricity supply
	probablement	probably
	prochain(e)	next
les	**produits laitiers** *(m pl)*	dairy products
se	**promener**	to go for a walk
	propre	clean
se	**protéger**	to protect oneself
la	**province**	province
	puisque	since, because

Q

	qui	who, which
	quitter	to leave
	quotidien(ne)	daily

R

le	**radeau pneumatique**	inflatable raft
la	**randonnée**	ride
la	**randonnée pédestre**	hike, walk
	rapidement	quickly
	rebelle	rebellious
	recevoir	to receive
	réfléchir	to think
le	**refrain**	chorus
le	**régime**	diet
se	**relaxer**	to relax
	relégué(e)	relegated
	remarquer	to notice
le	**remède**	remedy
	remonter	to go back
	rencontrer	to meet
	renverser	to run over, knock over
le	**repas**	meal
	répéter	to repeat
le	**reporter**	reporter
se	**reposer**	to rest
le	**requin**	shark
	réserver	to reserve
le	**résultat**	result
	réussir	to succeed
	rêver	to dream
	rire	to laugh
	romantique	romantic
des	**ronds** *(m pl)*	circles
le	**rythme**	rhythm

S

	sain(e)	healthy
la	**saison**	season
	sale	dirty
la	**saleté**	dirt
la	**salle de gym**	gym
	sans doute	without doubt
la	**santé**	health
le	**sauna**	sauna
le	**séchoir (à cheveux)**	(hair) dryer
le	**séjour**	stay
	séjourner	to stay
la	**servante**	(female) servant
	seul(e)	alone
	sévère	strict
le	**siècle**	century
le	**sirop**	cough mixture
le	**SMS**	text message / SMS
le	**soir**	evening
la	**sonnerie**	ring
le	**sorcier**	wizard
la	**sortie**	release, exit
	sortir	to go out
le	**souk**	market (North African)
	sous la pluie	in the rain
	souvent	often
le	**spectacle**	sight, spectacle, show
les	**sports nautiques** *(m pl)*	water sports
	stressé(e)	stressed
le	**sucre**	sugar
	super bien	great
	sûr(e)	reliable
	sur le plan de	as regards
	surnaturel(le)	supernatural
	surpeuplé(e)	overpopulated

T

le	**tabac**	tobacco
le	**tableau**	painting
la	**taille**	height, size
	tandis que	whilst
	tant de	so much, so many
	la tante	aunt
	tard	late
la	**tasse**	cup
	technique	technical
le	**tee shirt**	T-shirt
la	**tente**	tent
la	**Terre**	Earth
la	**tête**	head
le	**texte**	words
le	**texto**	text message
	timide	shy
le	**tipi**	teepee
les	**toilettes** *(f pl)*	toilets
	tomber en panne	to break down
	top	great, the best
	tôt	early
une	**touche de couleur**	a touch of colour
	toucher	to touch
	toujours	always
le	**tourisme**	tourism
	tourner	to stir
	tousser	to cough
	toute l'année	all year
en	**train**	by train
le	**traîneau à chiens**	dog sleigh
	traiter comme	to treat like
	tranquille	quiet
la	**tranquillité**	peace
le	**travail**	work
	travailler	to work, practise
	travailler comme	to work as
	travailleur(-euse)	hard-working
	traverser	to cross
	triste	sad
	trouver	to find
	tuer	to kill

U

	uniquement	only
	utile	useful
	utiliser	to use

V

la	**vedette**	star
	végétarien(ne)	vegetarian
le	**vélo de montagne**	mountain bike
	vendu(e)	sold
le	**ventre**	stomach
la	**verdure**	greenery
le	**vêtement**	item of clothing
la	**viande blanche**	white meat
la	**vieille cité**	old town
	vieux (vieille)	old
	vif (vive)	lively
	vilain(e)	naughty
le	**visage**	face
	visiter	to visit
la	**vitamine**	vitamin
	vivre	to live
	voir	to see
en	**voiture**	by car
la	**voiture**	car
la	**voix**	voice
le	**volcan endormi**	dormant volcano
	voler	to steal
	vouloir	to want
	voyager	to travel
la	**voyelle**	vowel

WXYZ

le	**web**	web
les	**yeux** *(m pl)*	eyes
la	**zone piétonne**	pedestrian zone